RICHARD THIESS

DER TOD KENNT KEIN ERBARMEN

Wahre Fälle aus der Mordkommission

Unter Einbeziehung von einigen Fällen,
in denen Raimund Eichner ermittelte

Dieses Buch ist auch als eBook erhältlich.

Ausführliche Informationen
über unsere Autoren und Bücher
www.dtv.de

Originalausgabe 2015
© 2015 dtv Verlagsgesellschaft mbH & Co. KG, München
Das Werk ist urheberrechtlich geschützt.
Sämtliche, auch auszugsweise Verwertungen bleiben vorbehalten.
Umschlagkonzept: Balk & Brumshagen
Umschlaggestaltung: Susanne Böhme unter Verwendung eines Fotos
von plainpicture/Anja Weber-Decker
Satz: Bernd Schumacher, Friedberg
Druck und Bindung: CPI Ebner & Spiegel, Ulm
Gedruckt auf säurefreiem, chlorfrei gebleichtem Papier
Printed in Germany · ISBN 978-3-423-26076-3

Inhalt

Vorbemerkung 7
Aufgaben und Organisation des Mordkommissariats . . . 10
Zivilcourage – dem Tod entronnen 17
Flucht mit Tücken 26
Mordversuch vor laufender Kamera 32
Der verschwundene Rollstuhlfahrer 39
Der »Hotelgast« mit dem Hammer 47
Das blutige Geheimnis 52
Eine tödliche Falle 61
Zeugen – ein sensibles Beweismittel 71
Hinrichtung im Morgengrauen 81
Späte Sühne 92
»Manchmal möchte man nur noch schreien...« 99
Zur falschen Zeit am falschen Ort 118
Die falsche Antwort 128
Wohnungssuche mit tödlichem Ausgang 135
Der Rosenmörder 143
Der Tod kennt kein Erbarmen 150
Nächtliche Begegnung 156
Zwei Mal »lebenslänglich« 161
Mit Pfeil und Bogen 165
Ein »Stern« auf Abwegen 171
Eine lange Nacht 182
Blinder Hass 192
Schlussgedanken 202

Vorbemerkung

Wenn ich aus der Vielzahl der Fälle, die ich als Leiter der Mordkommission hautnah miterlebt habe, hier einige herausgreife, so geschieht das auch in dem Bestreben, dadurch das Berufsbild des Mordermittlers ein wenig zu entzaubern und aufzuzeigen, dass hier ganz normale Menschen arbeiten. Menschen, die weder Superhelden noch unfehlbar sind. Die vor der Verhaftung eines skrupellosen Mörders Angst haben, selbst verletzt oder gar getötet zu werden oder in eine Situation zu geraten, die sie womöglich zwingt, ihre Schusswaffe einzusetzen. Die trotz eigener Betroffenheit und tiefem Mitempfinden mit den Angehörigen von Opfern wie von Tätern ihre eigenen Gefühle beherrschen müssen, um mit größtmöglicher Konzentration und Professionalität die erforderlichen Maßnahmen durchführen zu können.

Vielleicht aber weckt der Blick hinter die Kulissen des Alltags eines Mordermittlers bei dem einen oder anderen auch den Wunsch, selbst einmal diesen Beruf zu ergreifen. Denn durch das Wissen um die Arbeit bei einer »echten« Mordkommission wird der Nimbus der Unfehlbarkeit des Supermannes oder der Superfrau, der einem in nahezu allen Fernsehkrimis begegnet, zurechtgerückt und damit erhöht sich vielleicht die Zahl der »normalen« Bewerber um eine Stelle bei der Mordkommission – was letztendlich eine noch größere Auswahl unter qualifizierten Interessenten ermöglichen würde.

Als mein erstes Buch ›Mordkommission‹ im Jahre 2010 veröffentlicht wurde, bedeutete dies für mich den Abschluss einer Zeit innerer Unsicherheit und Unentschlossenheit. Denn ich hegte lange Zweifel daran, ob es moralisch vertretbar ist, ein Buch zu schreiben, nur um für meine eigene seelische Betroffenheit über das alltägliche Grauen einen

Ausgleich, gewissermaßen ein Ventil, zu finden. Letzten Ausschlag für eine Veröffentlichung aber gab der Gedanke, dass mit einem Buch über die schnelllebigen Tagesinteressen der Medien hinaus auch den Opfern von Tötungsdelikten ein nachhaltiges Andenken bewahrt bleibt. Spiegelt sich doch in einer derartigen Abhandlung vor allem das tragische Schicksal von Opfern und ihren Angehörigen wider.

Zugleich war es mir aus Fairnessgründen immer schon ein Anliegen, bei jeder sich bietenden Gelegenheit darauf aufmerksam zu machen, dass unsere Stärke und unser Erfolg auf Teamarbeit, auf den Freiräumen, die uns Vorgesetzte und Staatsanwaltschaft einräumen, und ganz besonders auf der hervorragenden Unterstützung und Mitarbeit aller Kollegen und Kolleginnen aus allen Polizeiverbänden basieren.

Nachdem ich mich also zu einer Veröffentlichung entschlossen hatte, ließ ich vorab das Manuskript durch die Staatsanwaltschaft und durch die Führung meines eigenen Polizeipräsidiums überprüfen. Dieser Vorgang dauerte fast ein Jahr und ergab keinerlei Vorbehalte gegen die Veröffentlichung.

Durch zahlreiche positive Rückmeldungen in den Medien und viele Leserzuschriften ermutigt, schildere ich nun im vorliegenden Band weitere reale Fälle, mit denen sich meine Mordkommission in den zurückliegenden Jahren befassen musste. Der Schreibstil ist wieder ganz bewusst von Sachlichkeit dominiert und an den Ernst der Thematik angepasst; dafür bitte ich um Verständnis. Eine reißerische oder romanhafte Darstellung ist meiner Überzeugung nach für ein Sachbuch unangemessen und würde den zugrunde liegenden Ereignissen nicht gerecht werden.

Ich möchte mich an dieser Stelle bei meinen Vorgesetzten dafür bedanken, dass sie den oftmals schwierigen Part übernommen haben, den Medien Bericht zu erstatten.

Was mir jetzt noch bleibt, ist Ihnen, verehrte Leserin, verehrter Leser, zu wünschen, dass Ihnen die Lektüre interessante, neue Einblicke gibt; vor allem aber hoffe ich für Sie und Ihre Angehörigen, dass Sie niemals in die Lage kommen, die Arbeit meiner Kollegen aus eigener Betroffenheit in Anspruch nehmen zu müssen.

München, im Januar 2015

Richard Thiess

Aufgaben und Organisation des Mordkommissariats

Ein Mord ist geschehen. Die Polizei wird alarmiert und erscheint in größtmöglicher Einsatzstärke am Tatort. Verzweifelte Angehörige und aufgeregte Zeugen müssen betreut und – soweit irgend machbar – dazu gebracht werden, ihre Wahrnehmungen und Erkenntnisse, vor allem aber auch Hinweise auf einen möglichen Täter zu schildern. Rettungskräfte, Feuerwehr und Polizeibeamte bemühen sich, Verletzte zu versorgen und zugleich in das zumeist hektische Geschehen eine strukturierte Ordnung zu bekommen. Spuren müssen gesichert und Fahndungsmaßnahmen eingeleitet werden. Es gilt zu ermitteln, wer gegebenenfalls Auskunft erteilen kann, und die Personalien anwesender Personen festzustellen. Sobald sich der Polizeiführer vor Ort einen ersten Überblick verschafft hat, verständigt er das Mordkommissariat.

Das Mordkommissariat und seine Zuständigkeiten

Beim Polizeipräsidium in München sind für die verschiedenen Straftatenbereiche zehn Kriminalfachdezernate (bezeichnet mit den Ziffern eins bis zehn) zuständig, die jeweils in mehrere Kriminalkommissariate untergliedert sind. Das Mordkommissariat ist dabei das erste Kommissariat im Kriminalfachdezernat 1 (Ermittlungen im Bereich sogenannter höchstpersönlicher Rechtsgüter: Leben, körperliche Unversehrtheit, Freiheit), abgekürzt KFD 1. Damit trägt das Mordkommissariat die Bezeichnung K 1-1, kurz K 11.

Das K 11 mit seinen nachgeordneten Mordkommissionen ist zuständig für die Ermittlung und Bearbeitung von versuchten oder vollendeten Tötungsdelikten, von erpresserischem Menschenraub – landläufig als Entführung bezeichnet –, von allen Todesfolgedelikten (wie z.B. Körperverletzung, Raub oder Vergewaltigung mit Todesfolge), bei Geiselnahmen und in Katastrophenfällen.

Außerdem übernimmt das K 11 sogenannte Zuweisungsfälle aus anderen Deliktsbereichen, wenn das Präsidium oder das Innenministerium dies wegen der besonderen Bedeutung des Falles oder des besonderen Interesses der Öffentlichkeit für angezeigt erachtet. Mitunter führt dies auch zu etwas grotesken Fallzuweisungen, so ermittelte etwa vor einigen Jahren die Mordkommission im sogenannten Gammelfleischskandal. Das Fachwissen der Beamten des Mordkommissariates konnte man dabei nur sehr indirekt als einschlägig bezeichnen. Darüber hinaus greift man gerne auch mal auf die Beamten der Mordkommissionen zurück, wenn Gefangenensammelstellen bei Fußballeinsätzen oder Demonstrationen zu besetzen sind oder wenn bei größeren Aktionen anderer Kriminalfachdezernate bzw. Kommissariate »Not am Mann« ist. Die Tatsache, dass die Beamten des K 11 ohnehin schon etliche Tausend Überstunden »vor sich herschieben«, spielt dabei leider keine Rolle. Alles in allem verlangen die Aufgaben der Mordkommissionen von ihren Beamten und Beamtinnen ein hohes Maß an Einsatzbereitschaft. Und dies weit über die Regelarbeitszeiten hinaus auch nachts, an Wochenenden und Feiertagen. So viel zur sachlichen Zuständigkeit.

Örtlich zuständig ist das K 11 beim Polizeipräsidium München für das Stadtgebiet und den gesamten Landkreis München. Darüber hinaus ist das K 11 aber auch weltweit für Ermittlungen zuständig; so, wenn ein deutscher Staatsangehöriger, der seinen letzten deutschen Wohnsitz in München hatte, im Ausland Opfer eines Tötungsdelikts oder einer Entführung wird bzw. seinerseits irgendwo auf der Erde jemanden tötet oder entführt. In all diesen Fällen wird bei der Staatsanwaltschaft in München ein Strafverfahren eingeleitet und das K 11 mit den Ermittlungen beauftragt. So haben Beamte des K 11 schon in mehr als dreißig Staaten Ermittlungen vorgenommen. Zunächst richtet man offizielle Rechtshilfeersuchen an die betroffenen Staaten, die auf politischer Ebene weitergeleitet werden. Erst nachdem der angefragte Staat seine Zustimmung – manchmal unter engen Auflagen – erteilt hat, können die Beamten des K 11 ihre Arbeit vor Ort aufnehmen. Die Leitung der Ermittlungen und Vernehmungen liegt dabei selbstverständlich bei den örtlichen Behörden und Dienststellen, wobei den Münchner Beamten ein Anwesenheits- oder sogar ein Fragerecht eingeräumt wird. Das gilt auch umgekehrt bei Rechtshilfeersuchen aus dem Ausland. Dann übernimmt eine Kommission des K 11 die offiziellen Vernehmungen oder Ermittlungen.

Über alle politischen, ideellen und kulturellen Unterschiede hinweg ist die Zusammenarbeit zwischen den Ermittlern meist ausgesprochen unkompliziert und kollegial und man knüpft bei solchen Dienstreisen viele dienstliche und private Kontakte. Die stellen nicht selten auch künftig eine wertvolle Hilfe dar (der sogenannte »kleine Dienstweg«, der unbürokratisch Unterstützung bei Ermittlungen ermöglicht). Aber es kommt auch zu privaten Freundschaften, die mitunter ein Leben lang anhalten und zu regelmäßigen gegenseitigen Einladungen und Besuchen führen.

Die Mordkommission[1]

Eine Mordkommission ist entweder eine ständige Einrichtung innerhalb eines größeren Polizeiapparates, wie z. B. eines Polizeipräsidiums, oder aber sie wird bei Tötungsde-

---

1 Wer mein Buch ›Mordkommission. Wenn das Grauen zum Alltag wird‹ gelesen hat, weiß bereits, wie eine Mordkommission aufgebaut ist; dieses Unterkapitel richtet sich an Erstleser.

likten zeitlich befristet gebildet und durch Beamte unterschiedlichster Dienststellen besetzt. Mittlerweile gibt es in nahezu jeder deutschen Großstadt feste Mordkommissionen, Städte wie Berlin, Hamburg, Frankfurt, Köln oder München unterhalten Mordkommissariate mit bis zu acht ständig besetzten Mordkommissionen, den sogenannten MKs. In kleineren Städten oder in ländlichen Bezirken hingegen wird in der Regel nur anlassbezogen eine Mordkommission gegründet. Man spricht dann oft von einer Sonderkommission, einer Soko.

Im allgemeinen Sprachgebrauch wird das Mordkommissariat häufig unzutreffend als »Mordkommission« bezeichnet und ihr Leiter entsprechend als »Leiter der Mordkommission«. Dies ist jedoch irreführend, denn tatsächlich ist der Leiter des Mordkommissariats in aller Regel nicht mit den Ermittlungen befasst. Er ist für Organisatorisches zuständig, für Personalführung, Weiterbildung und andere Verwaltungsangelegenheiten. Meist nimmt er selbst keine Festnahmen vor und beteiligt sich auch sonst nicht an polizeilichen Maßnahmen (wie z. B. Durchsuchungen, Vernehmungen, Telefonüberwachung, Hausbefragungen oder Ähnlichem). Bei größeren Einsatzlagen kann ihm die Führung einer Sonderkommission übertragen werden, um die Mordkommission zu entlasten, soweit nicht ohnehin eine Stabsdienststelle die Einsatzleitung übernimmt. Der Kommissariatsleiter vertritt die Interessen seiner Dienststelle nach außen hin. In manchen Präsidien nimmt er auch an Pressekonferenzen teil, wenn es darum geht, die Öffentlichkeit um Mithilfe bei Fahndungen zu bitten oder über Ermittlungen und vor allem über die Erfolge der Mordkommissionen zu informieren.

In München ist bei Tötungsdelikten, Geiselnahmen und Entführungen diejenige Mordkommission zuständig, die zum Zeitpunkt des Bekanntwerdens einer Tat Mordbereitschaft hat. Verantwortlich für den ersten Angriff und die

Organisation der Ermittlungen ist der Leiter der jeweiligen Mordkommission, der den Fall – sobald die Ermittlungen dies zulassen – einem Sachbearbeiter zuweist. In schwierigen Ermittlungsphasen und bei rechtlichen oder taktischen Fragen trifft jedoch der Kommissionsleiter – gegebenenfalls auch in Absprache mit der Staatsanwaltschaft – die Entscheidungen. In München gibt es insgesamt fünf Mordkommissionen, MK 1 bis MK 5, die jeweils eine Woche Mordbereitschaft haben, beginnend und endend am Montag um 7.15 Uhr. Die Beamten, der Kommissionsleiter bzw. sein Vertreter und zwei der Sachbearbeiter, arbeiten tagsüber normal im Büro und nehmen nach Dienstschluss einen Dienstwagen und ein Bereitschaftshandy mit nach Hause. Sobald es zu einem versuchten oder vollendeten Tötungsdelikt, einer Geiselnahme oder zu einem erpresserischen Menschenraub kommt, wird der Leiter der Bereitschaft durch den Leiter der Einsatzzentrale oder den Kriminaldauerdienst (KDD) verständigt. Jeder Sachbearbeiter hat im Durchschnitt drei bis fünf Wochen Bereitschaft im Jahr, der Kommissionsleiter bis zu elf Wochen. Der Leiter des Kommissariats hat offiziell keine Bereitschaften; er sollte aber das ganze Jahr über – von Urlauben, Seminaren o.Ä. abgesehen – telefonisch erreichbar sein.

Außerhalb der normalen Bürozeiten verständigen die Erstzugriffskräfte der Schutzpolizei zunächst den Kriminaldauerdienst, der vor Ort überprüft, ob tatsächlich ein Tötungsdelikt vorliegt und die Mordkommission zuständig ist. Häufig stellt sich nämlich bei den ersten Ermittlungen heraus, dass es sich um einen krankheitsbedingten Todesfall, um einen häuslichen Unfall, die Überdosierung eines Betäubungsmittels oder auch um einen Suizid handelt. In diesen Fällen ermitteln die Beamten des K 12 (Kommissariat für Todesermittlungen), die – mit Ausnahme von Tötungsdelikten und tödlichen Verkehrsunfällen – für ungeklärte oder nicht natürliche Todesfälle zuständig sind.

Gibt es umgekehrt bei der Aufnahme eines Todesfalles

durch die Beamten des K 12 oder auch erst bei der Obduktion einer Leiche Anzeichen auf ein Fremdverschulden, wird das K 11 alarmiert und übernimmt die weiteren Ermittlungen.

Kommt es bei einer Auseinandersetzung zu Verletzungen mit gefährlichen Gegenständen oder zu schweren körperlichen Attacken (Würgen, Stoßen, »Stiefeln«), ist die Frage, ob der Täter in Tötungsabsicht gehandelt oder den Tod seines Kontrahenten zumindest billigend in Kauf genommen hat, nicht immer sofort zu beantworten. Im Zweifelsfall wird die Mordkommission verständigt, um den Sachverhalt zu prüfen. Maßgeblich ist nicht selten der sogenannte »innere Tatbestand«, also die Frage, mit welchem Vorsatz ein Täter gehandelt hat. Wollte er den anderen tatsächlich töten oder »nur« verletzen, um ihm beispielsweise einen Denkzettel zu verpassen? Wenn diese Frage nicht eindeutig und sofort geklärt werden kann, so wird man zunächst von der höherwertigen Straftat ausgehen. Das bedeutet, dass in diesen Fällen zumindest in der Anfangsphase die Mordkommission ermittelt.

Ist die Mordkommission zuständig, alarmiert der Leiter der Bereitschaftskommission seine beiden Sachbearbeiter und die Kapitalbereitschaft des Erkennungsdienstes. Außerdem verständigt er die Staatsanwaltschaft. Je nach Sachverhalt werden entweder alle Bereitschaftsbeamten direkt zum Tatort beordert oder einzelne erhalten besondere Ermittlungsaufträge. Ist beispielsweise jemand verletzt und in ein Krankenhaus eingeliefert worden, so wird einer der Beamten in die Klinik fahren, um erste Aussagen zu erhalten und die Spurensicherung am Opfer zu veranlassen. Diese meist formlose erste Anhörung kann von besonderer Bedeutung für die weiteren Ermittlungen sein; sei es, indem man sofort gezielte Fahndungsmaßnahmen einleitet, oder auch, wenn der Verletzte kurz darauf seinen Verletzungen erliegt.

Einen Einblick in die vielfältige Aufgabenstellung, die die Mordbereitschaft an einem Tatort erwartet, geben die nachfolgenden Schilderungen authentischer Mordfälle. Allerdings, und dafür bitte ich um Ihr Verständnis, können Maßnahmen und Ermittlungsschritte nur insofern geschildert werden, als sie nicht dem Datenschutz oder der dienstlichen Verschwiegenheitspflicht unterliegen. Auch manche taktische Erwägung ist nicht für die Öffentlichkeit bestimmt.

Zivilcourage – dem Tod entronnen

Freitag. Drei Tage vor Weihnachten. Aber auch noch drei Tage bis zum Ende unserer Bereitschaft. Ich hoffte, dass es uns dieses Jahr mal wieder vergönnt sein würde, die Feiertage mit unseren Familien zu verbringen. Doch schon in der Nacht zum Samstag, um 1.15 Uhr, klingelte mich das Bereitschaftshandy aus dem Schlaf, und ich ahnte, dass sich diese Hoffnung wohl nicht erfüllen würde.

Routinemäßig schrieb ich mit, was mir der Kollege berichtete. Am Vorabend war gegen 22 Uhr im Sperrengeschoss eines U-Bahnhofs im Münchner Osten der sechsundsiebzigjährige Rentner Fridolin P. überfallen, brutal zusammengeschlagen und mit Fußtritten gegen den Kopf schwer verletzt worden. Die unbekannten Täter flüchteten mit seinem Rucksack, ohne sich weiter um ihr inzwischen bewusstloses Opfer zu kümmern. Von den Tätern fehlte bislang jede Spur.

Kurz nach dem Überfall hatte ein Fahrgast Fridolin P. aufgefunden und den Notarzt alarmiert. Er wurde in eine Klinik eingeliefert, wo man mehrere Schädelfrakturen und eine Gehirnblutung diagnostizierte.

Es gibt einen Grenzbereich zwischen »gefährlicher Körperverletzung« und einem versuchten Tötungsdelikt (Totschlag oder Mord), in dem eine klare Zuordnung zu einer der beiden Strafvorschriften nicht ohne weiteres möglich ist (siehe auch »Aufgaben und Organisation des Mordkommissariats«). Stellt sich ein Fall eindeutig »nur« als gefährliche Körperverletzung dar (mit einem möglichen Strafrahmen von immerhin bis zu zehn Jahren Freiheitsstrafe), so bearbeitet ein eigenes Fachkommissariat die Tat. Ergeben sich bei den Ermittlungen jedoch Hinweise darauf, dass der Täter zum Beispiel aufgrund der Brutalität des Vorgehens den Tod seines Opfers billigend in Kauf genommen hat, so geht man eher von dem höherwertigen Delikt – versuchter Totschlag oder versuchter Mord – aus. Dies gilt auch, wenn nur aufgrund glücklicher Umstände, die nicht dem Verdienst des Täters zuzurechnen sind, ein ursprünglich geplantes Tötungsdelikt im letzten Moment vereitelt wurde. In solchen Fällen – und immer dann, wenn für das Opfer durch die Tat konkrete Lebensgefahr besteht bzw. zum Zeitpunkt der Tat bestand – übernimmt die Mordkommission in Abstimmung mit der Staatsanwaltschaft die weiteren Ermittlungen.

Im vorliegenden Fall hatten die Ärzte zwar eine abstrakte Lebensgefahr diagnostiziert, jedoch keine konkrete, was ausschlaggebend dafür war, warum die Beamten des Kriminaldauerdienstes zunächst auf eine Verständigung der Mordkommission verzichtet hatten.

Da ich aufgrund der Schilderungen des Kollegen keinerlei Zweifel hatte, dass es sich um ein versuchtes Tötungsdelikt handelte, informierte ich sogleich den Bereitschaftsbeamten der Staatsanwaltschaft. Wir stimmten darin überein, dass es aufgrund des Alters von Fridolin P. und der besonderen Brutalität des Angriffs reiner Zufall war, dass der Mann noch lebte, und dass die Täter den Tod des Rentners zumindest billigend in Kauf genommen hatten. Dies stellte rechtlich einen sogenannten »bedingten Vorsatz« dar und damit war die Mordkommission zuständig.

Nachdem dies geklärt war, übernahm ich mit meiner Kommission den Fall und ließ mir detailliert berichten, welche Maßnahmen der KDD bereits getroffen hatte.

Eine Überwachungskamera im Sperrengeschoss der U-Bahn hatte die Tat aufgezeichnet, die DVD konnte nun ausgewertet werden; außerdem war bereits die Umgebung des U-Bahnhofs nach dem geraubten Rucksack abgesucht worden, allerdings hatte man ihn bislang nicht aufgefunden.

Eine Besatzung des Kriminaldauerdienstes hatte im Krankenhaus kurz mit dem Verletzten sprechen können. Danach hatte Fridolin P. die U-Bahn an derselben Station bestiegen wie die beiden Täter. Auch diese Videoaufzeichnungen hatte man bereits gesichert. Während der Fahrt, so Fridolin P., hätten die beiden Täter geraucht. Er habe sie daraufhin zur Rede gestellt und aufgefordert, ihre Zigaretten auszumachen. Dies sei wohl der Grund für den späteren Angriff gewesen.

Der Erkennungsdienst hatte am Tatort Blutspuren gesichert und Fotos gemacht. Beamte des KDD hatten die Oberbekleidung des Opfers als möglichen Spurenträger in der Klinik sichergestellt. Die Kollegen hatten den fraglichen Waggon ermittelt und über die Leitstelle der U-Bahn erfahren, dass der Zug jetzt nach Betriebsschluss mittlerweile zur Reinigung auf einem Abstellgleis stand. Als der Erkennungsdienst eintraf, war der Zug jedoch schon gesäubert worden und die Suche nach den Zigarettenkippen der Täter erübrigte sich.

Nachdem alle Maßnahmen, die zu diesem Zeitpunkt sinnvoll und möglich waren, bereits veranlasst waren, vereinbarte ich nach Rücksprache mit dem Staatsanwalt mit dem Kollegen, am nächsten Tag bei Dienstbeginn um 7.15 Uhr mit meiner Kommission die Ermittlungen zu übernehmen. Aus den Akten erfuhr ich, dass es kurz vor 22 Uhr in der Nähe des U-Bahnhofs zu einem Raubdelikt gekommen war. Zwei jüngere Burschen hatten einem jungen Mann, Fritz N., das Handy geraubt. Dieser hatte die Tat der Einsatzzentrale mitgeteilt, woraufhin eine Fahndung nach den flüchtigen Tätern eingeleitet worden war. Die Anzeige wurde aufgenommen, jedoch hatte Fritz N., der auf dem Weg zum Bahnhof war, um seine Eltern in Norddeutschland über die Weihnachtsfeiertage zu besuchen, wenig Zeit. So vereinbarte man, dass ihn das Raubkommissariat nach den Feiertagen vernehmen sollte. Die Beschreibung dieser beiden Täter deckte sich zwar nicht in allen Punkten mit derjenigen der beiden Burschen, die den Rentner niedergeschlagen hatten, aber die zeitliche und örtliche Nähe war doch auffällig.

Deshalb waren Beamte des KDD noch in den frühen Morgenstunden zur Wohnung von Fritz N. gefahren, um nach Möglichkeit die Adresse seiner Eltern in Norddeutschland in Erfahrung zu bringen. Die war den Mitbewohnern aber nicht bekannt. Telefonisch konnte man Fritz N. ebenfalls nicht erreichen, da sein Handy ja geraubt worden war. So blieb nur zu hoffen, dass Fritz N. möglichst bald wieder nach München zurückkehren würde. Das also war der Stand der Dinge, als ich mit meinen Kollegen die Ermittlungen aufnahm.

Zunächst einmal sahen wir uns die Bilder der Überwachungskamera an. Man erkannte Fridolin P., der sich im Zwischengeschoss von den Rolltreppen in Richtung Ausgang bewegte. Da tauchte einer der beiden Täter auf, lief von hinten auf ihn zu und streckte ihn mit einem heftigen Faustschlag zu Boden. Inzwischen war auch der zweite Täter zu sehen. Nun traten beide Täter ihrem Opfer, das sich zu diesem Zeitpunkt noch mit einem Arm am Boden abstützen konnte, mehrfach mit wuchtigen Tritten gegen den Kopf. Da sackte Fridolin P. in sich zusammen und lag schließlich gekrümmt auf dem Fußboden. Damit aber gaben sich die Täter immer noch nicht zufrieden. Einer von ihnen nahm ein paar Schritte Anlauf und trat dem regungslosen Mann noch einmal mit unbarmherziger Wucht gegen den Kopf, gerade so, als ob ein Fußballspieler einen Elfmeter verwandeln möchte. Durch die Heftigkeit des Tritts verletzte sich der Täter offenbar am Fuß, denn nun humpelte er und hielt sich das Bein. Schließlich nahm einer der beiden den Rucksack des Mannes an sich und dann flüchteten beide über die Treppe zum Ausgang.

Betroffen blickten wir uns an. So eine unglaubliche Brutalität zu sehen, und noch dazu aus einem so nichtigen Anlass, ist selbst in unserem Beruf nicht alltäglich. Doch zum Glück hatten wir durch die Aufnahmen die Möglichkeit, die Täter zu identifizieren. So beantragte die Staatsanwaltschaft einen richterlichen Beschluss zur Veröffentlichung der Aufnahmen zu Fahndungszwecken, nachdem mir zuvor das Bayerische Landeskriminalamt die Auslobung einer Belohnung in Höhe von 5000 Euro für Hinweise zur Ergreifung der Täter genehmigt hatte.

Bereits im Laufe des Tages lief die erschütternde Filmsequenz bundesweit in allen Fernsehsendern und führte zu großer Betroffenheit in allen Bevölkerungsschichten, bis hinein in die politischen Führungsspitzen. Noch Tage und Wochen später sollte die Tat in den Medien für Schlagzeilen sorgen.

Unterdessen hatten wir vergeblich versucht, weitere Aufnahmen von Überwachungskameras aufzuspüren. Kurz nach 18 Uhr gab es einen ersten Erfolg, denn Fritz N. meldete sich telefonisch bei der Polizeiinspektion in München, bei der er die Anzeige erstattet hatte. Er hatte in den Nachrichten den Filmausschnitt gesehen und darauf die beiden Männer wiedererkannt, die sein Handy geraubt hatten. Das sollte sich als der entscheidende Durchbruch für unsere weiteren Ermittlungen erweisen. Nachdem mich der Beamte über den Anruf informiert hatte, vereinbarte ich mit Fritz N., dass er am nächsten Morgen, also am Sonntag, zu der vor Ort zuständigen Kriminalpolizeidienststelle gehen sollte. Dort werde man ihm den Film in voller Länge vorspielen, um bezüglich der Identität der Täter sicherzugehen. Außerdem sollte er ausführlich vernommen werden.

Bei dem Telefongespräch mit Fritz N. ließ ich mir bereits in groben Zügen schildern, was sich zugetragen hatte. Fritz N. war den beiden Tätern zufällig auf der Straße begegnet. Er hatte gerade eine Auseinandersetzung mit einem anderen Mann gehabt, der ihm Geld schuldete. Dieser entfernte sich, ohne jedoch seine Schulden beglichen zu haben. Fritz N. kam darüber mit den beiden späteren Tätern ins Gespräch, die den Streit miterlebt hatten und sich nun anboten, ihm bei der Suche nach dem Schuldner behilflich zu sein. Sie könnten den Aufenthaltsort des Mannes herausfinden; allerdings müssten sie dazu mehrere Telefongespräche führen. Bereitwillig übergab ihnen Fritz N. sein Handy. Die nächsten Stunden verbrachten die drei Männer damit, durch mehrere Gaststätten zu ziehen, um nach dem flüchtigen Schuldner zu forschen. So suchten sie einmal eine Spielhalle in der Innenstadt auf und ein anderes Mal unterhielt sich einer der beiden Männer mit dem Türsteher einer Disko. Dabei erzählte er, dass sein Bruder hier früher ebenfalls als Türsteher gearbeitet habe. Während dieser Tour tranken alle drei mehrfach Bier. Einige Male telefonierte einer der beiden mit Fritz N. unbekannten Personen, die er nach dem Aufenthalt des Gesuchten fragte. So waren die drei schließlich in einem dunklen Park in der Nähe des U-Bahnhofes angelangt, wo kurze Zeit später der Rentner Fridolin P. nichtsahnend die U-Bahn betreten sollte.

In diesem dunklen Park gab es erneut ein Telefonat, Fritz N. stand daneben und bekam das Gespräch mit. Plötzlich aber glaubte er, seinen Ohren nicht zu trauen. Denn der Mann erklärte seinem Gesprächspartner ganz beiläufig und mit ruhiger Stimme, dass er »nun zuhören kann, wie er einen Deutschen kaltmacht«. Fritz N. reagierte sofort, da er keinerlei Interesse verspürte, bei dieser angekündigten Aktion eine zentrale Rolle zu spielen, und suchte das Weite. Die beiden verfolgten ihn, doch Fritz N. konnte sich in letzter Sekunde in den Eingang eines Mehrfamilienhauses retten. Erst da ließen die beiden Täter von ihm ab und flüchteten nun ihrerseits, wobei sie sein Handy mitnahmen.

Diese Informationen waren sehr wertvoll für unsere weiteren Ermittlungen. Auf Veranlassung der Staatsanwaltschaft bekamen wir bald darauf die Verbindungsdaten des Handys von Fritz N. Im fraglichen Zeitraum hatte mit rund einem Dutzend Gesprächsteilnehmern Kontakt bestanden. Die Personen wurden allesamt ermittelt und noch in derselben Nacht von Beamten verschiedener Polizeidienststellen zur Vernehmung zu uns gebracht. Dabei gelang es schließlich, die Person, die die Anrufe getätigt hatte, zweifelsfrei zu identifizieren. Es handelte sich um den zwanzigjährigen Ismet Ü., der bereits durch zahlreiche Vortaten – quer durch das Strafgesetzbuch – polizeibekannt war.

Zeitgleich war es Beamten einer Innenstadtinspektion gelungen, in einer Spielhalle eine Videoaufzeichnung zu sichern, auf der Fritz N. und seine beiden Begleiter sehr gut zu erkennen waren. Damit war es nur noch eine Frage der Zeit, bis auch die Identität des zweiten Täters geklärt sein würde.

Jetzt galt es, den aktuellen Aufenthaltsort von Ismet Ü. rasch zu ermitteln und ihn festzunehmen, ehe er sich womöglich ins Ausland absetzen würde. Beamte des Spezialeinsatzkommandos drangen in seine Wohnung ein, nachdem niemand geöffnet hatte, trafen den Verdächtigen aber nicht an. Sollte Ismet Ü. wirklich bereits ins Ausland geflohen sein? Noch während wir das weitere Vorgehen besprachen, meldeten sich Kollegen der zivilen Einsatzgruppe zweier Schutzpolizeiinspektionen und boten an, sich an der Fahndung nach Ismet Ü. zu beteiligen. Bald darauf gelang es den Beamten, aus alten Unterlagen die Adresse einer Frau zu ermitteln, die vor längerer Zeit einmal in Kontakt mit dem Gesuchten gestanden war. Als die Beamten kurz vor 2 Uhr am Sonntagmorgen an der Wohnung dieser jungen Frau läuteten, öffnete sie sofort. Ganz offensichtlich hatte sie noch nicht geschlafen. Nachdem sich die Beamten vorgestellt hatten, erkundigten sie sich, ob die Frau wisse, wo sich Ismet Ü. befinde. Zu ihrer Verblüffung erhielten sie zur Antwort, dass er gerade bei ihr zu Besuch sei. Tatsächlich trafen die Beamten Ismet Ü. im Wohnzimmer an, wo er sich widerstandslos festnehmen ließ.

Bei der Vernehmung räumte Ismet Ü. dann seine Tatbeteiligung ein, erklärte aber, dass er seinen Mittäter nur unter dem Spitznamen »Dimi« kenne. Dieser Dimi sei ein Grieche, der »irgendwo im Münchner Westen« bei seinen Eltern wohne. Den Spitznamen konnten die Beamten der zivilen Einsatzgruppe dem achtzehnjährigen Dimitri S. zuordnen, der ebenfalls bereits in ganz erheblichem Umfang als Straftäter bekannt war. Als man Ismet Ü. ein Foto von Dimitri S. vorlegte, erkannte er ihn zweifelsfrei als seinen Mittäter.

Der Rest war Routine. Um 7.30 Uhr klickten die Handschellen um die Handgelenke von Dimitri S. Sein ganzer Kommentar in Bezug auf den Rentner Fridolin P. war: »Was labert mich der auch an, der muss doch gesehen haben, dass wir besoffen waren!«

Knapp ein halbes Jahr später fällte die Jugendkammer beim Landgericht München das Urteil gegen die beiden Täter: Ismet Ü. wurde wegen versuchten Mordes nach dem Erwachsenenstrafrecht zu zwölf Jahren und Dimitri S. ebenfalls wegen versuchten Mordes nach dem Jugendstrafrecht zu acht Jahren Gefängnis verurteilt. Gegen Ismet Ü. verfügte die Münchner Ausländerbehörde, ihn nach Verbüßung seiner Haftstrafe in seine Heimat abzuschieben. Bei Dimitri S. war das nicht möglich, da er die deutsche Staatsangehörigkeit besitzt.

Dagegen klagte Ismet Ü. bis zum Verwaltungsgerichtshof (VGH); er sei Vater eines minderjährigen Kindes deutscher Staatsangehörigkeit. Im Regelfall sind Ausländer damit nach Straftaten vor der Ausweisung geschützt. Im Falle von Ismet Ü. aber hielt der VGH die Abschiebung für verhältnismäßig und zulässig. So befand der VGH, es sei hinzunehmen, wenn die persönlichen Kontakte zwischen ihm und seinem Kind nur noch durch Briefe und Telekommunikation sowie gelegentliche Besuche aufrechterhalten werden könnten. Die Begründung sollte auch zukünftige Straftäter ausländischer Nationalität nachdenklich stimmen. Denn weiter hieß es, in Anbetracht der erheblichen Wiederholungsgefahr, die nach seiner Persönlichkeitsstruktur, seiner bisherigen kriminellen Karriere und seinem Verhalten in der Haft von

Ismet Ü. ausgehe, stelle die Ausweisung keine unangemessene Beeinträchtigung des Rechts auf Familienleben nach der Europäischen Menschenrechtskonvention dar. Fridolin P. überstand die Verletzungen zum Glück ohne bleibende Schäden. Für seine Zivilcourage und für seinen Mut wurde er öffentlich geehrt. Zugleich aber gab es auch Stimmen, die sein Verhalten als unüberlegt, ja gar als leichtsinnig bezeichneten. Vielleicht nicht ganz zu Unrecht, denn es hätte nicht viel gefehlt, und Fridolin P. hätte sein Einschreiten gegen die beiden aggressiven und sichtlich angetrunkenen Raucher um ein Haar mit dem Leben bezahlt. Die Bewertung jedoch, ob dieses Verhalten mutig und vorbildlich oder in diesem speziellen Fall vielleicht doch eher leichtsinnig war, muss jeder für sich selbst treffen. Fest steht aber, dass ohne Zivilcourage und ohne die vielen anonymen »Helden des Alltags« unsere Gesellschaft deutlich ärmer wäre.

Der Fall selbst entfachte parteiübergreifend eine breit angelegte öffentliche Diskussion um härtere Strafen gegenüber jugendlichen Straftätern. Vor allem einige Spitzenpolitiker machten sich dafür stark. Immer wieder wurde auch darüber diskutiert, ob man schwerkriminelle Ausländer nach der Verbüßung ihrer Haftstrafe nicht rigoroser abschieben müsse. Irgendwann aber hat sich das öffentliche Interesse an dem Fall gelegt. Und so verwundert es nicht wirklich, dass das Jugendstrafrecht bis dato unverändert Bestand hat.

Flucht mit Tücken

An einem kalten Januarnachmittag rief mich der Leiter der Einsatzzentrale im Büro an und berichtete, dass eine einundvierzigjährige Frau, Nora R., von ihrem Freund, dem 52 Jahre alten Peter W., vom Balkon seiner Wohnung in einer Trabantenstadt im Münchner Norden gestoßen worden sei. Die Frau habe durch den Sturz aus dem zweiten oder dritten Stock des Mehrfamilienhauses schwere Verletzungen erlitten. Der Täter sei flüchtig, aufgrund des Tatgeschehens sei von einem versuchten Tötungsdelikt auszugehen.

Ich informierte als Erstes den diensthabenden Staatsanwalt der Kapitalabteilung, danach alarmierte ich die Kapitalbereitschaft unseres Erkennungsdienstes und bestellte sie zum Tatort. Zusammen mit den beiden Kollegen meiner eigenen Mordbereitschaft machte ich mich sodann auf den Weg, Sirenen und Blaulicht hatten wir eingeschaltet. Wenn Täter flüchtig sind, kann jede Minute zählen; es gilt, die richtigen Fahndungsmaßnahmen einzuleiten, um ein Absetzen des Täters – vor allem ins Ausland – zu vereiteln. Fast hätte ich im Sirenengeheul das Klingeln meines Bereitschaftshandys überhört. Es meldet sich der Außendienstleiter der für den Tatort zuständigen Polizeidirektion.

Was er allerdings mitteilte, gab dem Einsatz eine ganz neue Wendung. Inzwischen hatten Kollegen der Schutzpolizei die mutmaßliche Tatwohnung betreten und waren dabei zu ihrer Überraschung auf die Leiche des vermeintlichen Täters gestoßen. Dem ersten Anschein nach war der Mann erstochen worden. Unterdessen hatte eine Nachbarin ausgesagt, dass sie Nora R. seit langer Zeit vom Sehen her kenne, die Frau habe mit Peter W. eine Beziehung. Heute habe sie beobachtet, wie Nora R. über den Balkon ins Freie geklettert und bei dem Versuch, auf die darunterliegende Terrasse zu gelangen, abgestürzt sei. Auf Nachfrage erfuhr ich noch, dass die fragliche Wohnung im ersten Stock des Hauses lag. Als wir den Tatort erreichten, war die sonst ruhige Wohnstraße bereits von diversen Streifenfahrzeugen zugeparkt. Absperrleinen sicherten weiträumig den Garten, aus dem eine Notarztbesatzung die Verletzte mittlerweile geborgen hatte. Der ersten Diagnose zufolge hatte Nora R. lediglich ein gebrochenes Bein und Platzwunden, Lebensgefahr bestand definitiv nicht.

Die Haustür war gleichfalls gesichert und uniformierte Beamte sperrten den Zugang für Unbefugte, um zu vermeiden, dass Schaulustige oder Pressevertreter Spuren am Tatort veränderten oder womöglich Zeugen beeinflussten.

In einer ruhigen Nische im Treppenhaus unterrichtete uns der Außendienstleiter über die Sachlage. Gegen Mittag des Tages war es – wie schon öfter – zu einer lautstarken Auseinandersetzung zwischen dem Toten und seiner Freundin gekommen. Die beiden waren seit längerer Zeit liiert und hatten ein gemeinsames Kind, einen wenige Monate alten Säugling. Nora R. hatte ihren Freund regelmäßig besucht, obwohl der Vater als Mieter der Wohnung und auch der Vermieter dies mehrfach untersagt hatten. Aufgrund ihres übermäßigen Alkoholkonsums stritten Nora und ihr Freund immer wieder heftig, worüber sich die anderen Mieter massiv beschwert hatten.

Wie so oft, wenn die Freundin seines Sohnes zu Besuch kam, verließ der alte Mann seine Wohnung und besuchte eine Kneipe, wo er einerseits den Streitereien entging und zum anderen mit Bekannten ebenfalls dem Alkohol zusprechen konnte. Der Vater war an diesem Tag bereits morgens aus dem Haus gegangen; wo er sich derzeit aufhielt, war nicht bekannt. Allerdings suchte der Frührentner offenbar gerne eines der zahlreichen Trinkstüberl in der näheren Umgebung auf. Der Tote und seine Lebensgefährtin waren der Polizei keine Unbekannten; Rauschgift und Alkohol hatten immer wieder zu Gewaltexzessen zwischen den beiden geführt. Vermutlich hatte Nora R. ihrem Freund während einer Auseinandersetzung die tödlichen Messerstiche beigebracht. Was sie dann jedoch veranlasst hatte, über den Balkon zu klettern, war zunächst noch unklar. Ihrer Nachbarin hatte sie erzählt, dass ihr Partner sie vom Balkon gestoßen habe. Allerdings hatte diese zuvor beobachtet, wie Nora R. allein über die Brüstung geklettert war; Peter W. hatte sie nicht auf dem Balkon gesehen. Das machte Nora R. dringend tatverdächtig.

Mittlerweile wurden Nora R.s Kopf- und Beinverletzungen in der Nothilfe behandelt. Vor der Operation hatten Beamte Nora R. die vorläufige Festnahme erklärt. Nun würde die Frau im Krankenhaus so lange bewacht werden, bis entweder der Tatverdacht entkräftet oder eine Verlegung in ein Gefängniskrankenhaus möglich sein würde.

Das war unser Kenntnisstand, als ein Beamter zu uns trat und mitteilte, dass Peter W.s Vater an der Absperrung eingetroffen sei. Von dem Tod seines Sohnes wisse er noch nichts. Aller Augen richteten sich auf mich. Einem Vater sagen zu müssen, dass sein Sohn getötet wurde, gehört zu den bittersten Pflichten eines Polizeibeamten. An diese oftmals extrem belastende psychische Ausnahmesituation für beide Seiten denkt man jedoch nicht, wenn in der Öffentlichkeit über spektakuläre Fälle berichtet wird. Und selbstverständlich war das nun meine Aufgabe. Ein Kollege begleitete mich zum Vater des Toten. Ein älterer, schmächtiger Herr stand hinter der Absperrleine, ich stellte mich als Angehöriger der Mordkommission vor und bat ihn dann, mich ein paar Schritte abseits zu begleiten. Doch der Mann blieb wie erstarrt stehen. Bereits bei dem Stichwort Mordkommission hatte sich eine erschreckende Veränderung in seinem Gesicht vollzogen. Er hielt mich am Jackenärmel fest und blickte mich voller Angst an. Der Ausdruck seiner Augen schwankte zwischen Entsetzen und Verzweiflung. »Ist etwas – mit Peter?« Die Stimme war kaum zu verstehen. Es ist eine traurige Erfahrung, die man im Laufe der Jahrzehnte im Polizeidienst macht, dass Eltern es sofort spüren, wenn ihr Kind verunglückt oder Opfer einer Straftat geworden ist. Auch der alte Mann vor mir wusste instinktiv, dass der Polizeieinsatz irgendwie mit seinem Sohn zusammenhing. So blieb mir nur übrig, ihm den Tod seines Sohnes mitzuteilen. Für einen Moment schwankte der Mann und drohte zusammenzusacken. Einer Kollegin und mir gelang es in letzter Sekunde, ihn aufzufangen. Wir forderten einen Rettungssanitäter des Kriseninterventionsteams an, einstweilen kümmerte sich eine hilfsbereite Nachbarin um den Mann.

Nachdem sichergestellt war, dass er in seiner Verzweiflung nicht allein blieb, schaute ich mir die vollständigen Personalien der Beschuldigten und des Getöteten an. Mein Kollege erinnerte sich sofort an Nora R. Vor nicht allzu langer Zeit hatte er sie als Zeugin vernommen. Ein Bekannter von ihr war bei einem Streit um Rauschgift am Münchner Hauptbahnhof von einem Kontrahenten niedergestochen worden. Ganz offenkundig war es der Frau seither nicht gelungen, einen Absprung aus dem Drogenmilieu zu finden. Und nun stand sie selbst im Verdacht, ein Tötungsdelikt begangen zu haben.

Nach und nach ergab sich aus den Ermittlungen und Vernehmungen eine Erklärung für das merkwürdige Verhalten der Tatverdächtigen. Nachdem es zwischen Nora R. und Peter W. wieder einmal zu einer lautstarken Auseinandersetzung gekommen war, hatte wie so oft schon ein Nachbar wegen der Ruhestörung die Polizei alarmiert.

Einige Zeit später war eine Streifenbesatzung vor der Wohnungstür eingetroffen. Von einer Nachbarin erfuhren die Beamten, dass der Lärm kurz vor dem Eintreffen der Polizei schlagartig verstummt sei. Seitdem herrsche Ruhe in der Wohnung. Die Beamten klopften und klingelten und riefen, man solle aufmachen. Sie wollten nach dem Grund des Streites forschen. Doch aus der Wohnung kam keine Antwort, nichts rührte sich. Möglicherweise hatten die Streithansel sich ja in der Zwischenzeit aus der Wohnung entfernt. Da die Ruhestörung jedenfalls beendet war, sahen die Beamten keine rechtliche Handhabe, gewaltsam in die Wohnung einzudringen. Man würde einen Bericht an die zuständige Stelle der Stadtverwaltung schicken, die dann gegebenenfalls eine Ordnungswidrigkeitenanzeige erstellen konnte.

Was die Beamten nicht wissen konnten: Peter W. lag zu diesem Zeitpunkt bereits tot in der Wohnung. Die Beschuldigte hatte bei einem Blick aus dem Fenster zufällig beobachtet, wie ein Polizeiauto anhielt und zwei Polizisten auf das Haus zukamen. Als die Beamten gleich darauf an ihrer Tür klingelten und sie aufforderten zu öffnen, geriet Nora R. in Panik. Sie versuchte, einen klaren Kopf zu bekommen – das aber fiel ihr nicht leicht, hatte sie doch weit über zwei Promille Alkohol im Blut. Sie befürchtete, dass die Beamten jeden Moment in die Wohnung eindringen und ihren toten Freund finden würden. Deshalb sah sie als einzige Möglichkeit, ihrer Verhaftung zu entgehen, die Flucht über den Balkon. Dabei aber stürzte sie ab. Trotz ihrer Schmerzen verhielt sie sich ruhig, um zu verhindern, dass jemand auf sie aufmerksam würde. Was misslang, da eine Nachbarin den Sturz zufällig beobachtet hatte. Ihr war sofort klar, dass Nora R.s Version nicht stimmen konnte, was sie der Polizei umgehend mitteilte.

Meine nächste Sorge galt nun dem Säugling der Beschuldigten. Da niemand sagen konnte, wo sich das Kind befand, beauftragte ich eine Streife, mit Sondersignalen zu Nora R.s Wohnung zu fahren. Es war ja nicht auszuschließen, dass auch dem Kind etwas zugestoßen war. Zum Glück stellte sich kurz darauf heraus, dass das Jugendamt das Kind bereits zu einem früheren Zeitpunkt in einer Pflegefamilie untergebracht hatte; es war unversehrt.

Monate später wurde die Beschuldigte vom Schwurgericht wegen Totschlags zu acht Jahren Haft verurteilt. Nach drei Jahren Haft sah sie für sich keinen anderen Ausweg mehr, als sich selbst das Leben zu nehmen. Ihre Mitgefangene, zu der sie eine sehr enge Beziehung entwickelt hatte, fand sie eines Morgens erhängt an ihrem Bett.

Mordversuch vor laufender Kamera

Ein wolkenloser Morgen im April, Hoch »Peggy« versprach in den nächsten Tagen einen neuen Hitzerekord für diese Jahreszeit und ihre Vorboten waren im Süden Deutschlands bereits angekommen. Die Aussichten auf ein erfolgreiches Champions-League-Rückspiel von Bayern München gegen AC Mailand taten ein Übriges, um an diesem Morgen das Aufstehen etwas leichter zu machen. Gerade hatte der Wecker wie jeden Werktag um 6 Uhr die Nachtruhe für beendet erklärt, als plötzlich die Kennmelodie aus der Fernsehserie ›Tatort‹ ertönte. Während ich einen Moment lang verblüfft der Musik lauschte, ertönte von der anderen Bettseite her die Stimme meiner Frau: »Dein Handy läutet ...«

Tatsächlich. Wahrscheinlich hatte mein Amtsbruder, von dem ich am Montag die Bereitschaft übernommen hatte, den immer gleichen Sound sattgehabt, mit dem das Bereitschaftstelefon zu jeder Tages- und Nachtzeit um Aufmerksamkeit buhlte. Nun denn. Irgendwie passte die Melodie schließlich. Während ich der Stimme der Kollegin des Kriminaldauerdienstes lauschte, stieg die Wahrscheinlichkeit, dass der FC Bayern am Abend ohne meine direkte Beteiligung als Fernsehzuschauer auskommen musste, zusehends. Man habe, so erfuhr ich, in der Nähe eines U-Bahnhofes im Münchner Norden einen Mann nach einem versuchten Tötungsdelikt festgenommen. Bei einem Streit habe dieser seinem Widersacher mit einem Messer diverse Schnitte und Stiche in Kopf und Thorax zugefügt; der Verletzte werde derzeit in einem Krankenhaus operiert. Den ersten Erkenntnissen der behandelnden Ärzte zufolge bestehe für den Patienten konkrete Lebensgefahr. Eine Besatzung des Kriminaldauerdienstes sei bereits am Tatort, eine zweite Besatzung auf dem Weg in die Klinik zu dem Verletzten.

Diese Schilderung der Kollegin ließ keinen Zweifel daran aufkommen, dass ich mit meinem Team die Ermittlungen übernehmen musste. Also alarmierte ich meine beiden Kollegen und bat einen von ihnen, sich im Krankenhaus ein genaues Bild von den Verletzungen des Opfers zu verschaffen. Außerdem sollte der Kollege versuchen, nach Möglichkeit vom Verletzten selbst oder von der Besatzung des Notarztwagens Informationen zu der Tat zu erlangen. Der Notarzt und sein Team konnten – das lehrte uns die Erfahrung immer wieder – möglicherweise Angaben zu spontanen Äußerungen des Verletzten machen, soweit dieser überhaupt noch in der Lage gewesen sein sollte, über den Vorfall zu sprechen.

Bevor ich alle Kollegen verständigt hatte – Staatsanwaltschaft, Erkennungsdienst etc. –, war mehr als eine halbe Stunde seit dem ersten Anruf vergangen. Der morgendliche Berufsverkehr hatte bereits eingesetzt und so dauerte es trotz Blaulicht und Sondersignalen fast nochmals eine halbe Stunde, bis ich den Tatort erreichte. Mein Kollege war bereits eingetroffen und notierte sich die knappe Zusammenfassung der bislang bekannten Geschehnisse, die er vom Außendienstleiter, also dem Leiter der Erstzugriffsbeamten, und den beiden Kollegen des Kriminaldauerdienstes erhielt.

Demnach war eine Frau auf dem Weg zur U-Bahn in einer kleinen Seitenstraße auf zwei Männer getroffen, von denen einer blutüberströmt auf einer Rasenfläche kauerte, während der andere eine Art Messer mit blutbesudelter Klinge in der Hand hielt. Er stand vor dem Verletzten und war offenbar stark angetrunken; zumindest deutete die Zeugin sein Schwanken und seine Körperhaltung so.

Beherzt, aber aus sicherer Distanz forderte die Zeugin den Mann auf, die Waffe fallen zu lassen. Dem kam er zu ihrer Überraschung ohne Widerspruch nach, und sie verständigte über Handy die Polizei. Kurz darauf trafen der alarmierte Notarzt und eine erste Streifenbesatzung ein. Der Mann ließ sich widerstandslos festnehmen.

Bei dem Verletzten handelte es sich um Heribert E., einen zweiundfünfzigjährigen deutschen Fliesenleger. Er war zu dem Zeitpunkt bereits nicht mehr ansprechbar; offenbar hatte er sehr viel Blut verloren. Nach einer Erstversorgung auf dem Grünstreifen brachte ihn der Notarzt sofort in die nächstgelegene Klinik. Der Beschuldigte, der neununddreißigjährige Franz-Xaver Z., kam unter Polizeibewachung ebenfalls mit einem Krankenwagen in eine Klinik, wo man seine aufgeplatzte Lippe und diverse Schürfwunden versorgte, ehe er in die Haftanstalt verlegt wurde.

Die Zeugin war kurz von einem der Beamten des Erstzugriffs befragt worden. Da sie jedoch dringend an ihren Arbeitsplatz musste und zudem die Tat selbst gar nicht beobachtet hatte, wurde ihre schriftliche Vernehmung zurückgestellt.

Bereits bei meiner Alarmierung hatte ich darum gebeten, den Festgenommenen nach der ärztlichen Versorgung zur Entnahme einer Blutprobe und zur Begutachtung seiner Verletzungen, die er sich selbst bei der Auseinandersetzung zugezogen hatte, zum Institut für Rechtsmedizin und danach in die Haftanstalt beim Präsidium zu bringen. Dort würden wir später mit ihm Kontakt aufnehmen.

Mein Kollege und ich waren gerade dabei, zusammen mit den Spezialisten der Spurensicherung den mutmaßlichen Tatort zu inspizieren, als uns ein Beamter an der Absperrung zu sich winkte. Der junge Kollege wies uns auf eine Frau hin, die in der Nähe stand und erwartungsvoll zu uns herüberblickte. »Die Dame hat mir gerade mitgeteilt, dass sie zwei U-Bahn-Stationen weiter stadteinwärts auf dem Bahnsteig eine große Blutlache gesehen hat. Nun denkt sie, dass das womöglich in Zusammenhang mit dem Vorfall hier steht.«

Wir baten die Dame, uns genau zu beschreiben, wann und wo sie das Blut bemerkt hatte. Ihre Angaben notierten wir ebenso wie ihre Personalien, wir bedankten uns und sicherten ihr zu, uns sofort um die Sache zu kümmern. Außerdem vereinbarten wir, sie im Laufe des Tages anzurufen und – sollte sich der Fleck als Blut erweisen – mit ihr einen Termin für eine schriftliche Vernehmung auszumachen.

Ich schickte sofort eine Funkwagenbesatzung zu der U-Bahn-Station, um die Aussage zu überprüfen. Keine fünf Minuten später erfolgte die Rückmeldung der Streifenbeamten. Sie hatten tatsächlich größere Flecken und zahlreiche Spritzspuren entdeckt, offensichtlich handelte es sich um Blut. An einem der Stützpfeiler reichten sie bis zu einer Höhe von mehr als einem Meter empor. Auffällig war zudem, dass sich die mutmaßlichen Blutspuren allesamt auf einen Bereich in der Mitte des Bahnsteiges konzentrierten. Links und rechts davon gab es dagegen nicht den kleinsten Tropfen. Das deutete darauf hin, dass sich der Verletzte mit der U-Bahn vom Tatort entfernt hatte.

Was der Kollege da am Telefon schilderte, konnte durchaus in Zusammenhang mit unserem Fall stehen. Es war nicht auszuschließen, dass Heribert E. bereits auf diesem Bahnsteig angegriffen worden war, er sich dann in eine einfahrende U-Bahn hatte retten können und bis zu dieser Station gefahren war. Sollte das der Fall gewesen sein, so musste ihm der Täter in derselben U-Bahn und dann zu Fuß hierher gefolgt sein, wo der Verletzte schließlich zusammengesackt war.

Ich bat den Kollegen daher, den Bereich am Bahnsteig abzusperren, und informierte telefonisch den Schichtführer des Kriminaldauerdienstes über die Blutspuren dort. Der KDD hatte die Möglichkeit, die Kameraaufzeichnungen dieser U-Bahn-Station einzusehen.

Wiederum dauerte es nicht allzu lange, bis der Rückruf erfolgte. »Ich glaube, ihr seid der Lösung des Falles ein großes Stück näher gekommen. Das müsst ihr euch auf unserem Monitor anschauen – da werdet ihr staunen!« Das verhieß eine interessante Entdeckung, und da ich den Tatort ohnehin bereits an die Beamten der Spurensicherung übergeben hatte, schlugen wir den Weg zum Polizeipräsidium ein. Bevor wir losfuhren, ersuchte ich den Beamten des KDD noch, die U-Bahn-Leitstelle zu informieren und über Bahnfunk die Fahrer auf dieser Linie zu befragen, ob jemand eine verdächtige Wahrnehmung gemacht hatte. Zugleich sollten die Fahrer aufgefordert werden, bei nächster Gelegenheit durch die Waggons zu gehen, um festzustellen, ob es irgendwo Blutspuren gab.

Was wir kurz darauf in den Räumen des Kriminaldauerdienstes zu sehen bekamen, entsprach den Ankündigungen des Kollegen voll und ganz. Die gestochen scharfen Aufzeichnungen zeigten, wie zwei Männer gegen halb fünf Uhr morgens gemeinsam die Treppe zum Bahnsteig heruntergingen. Richtiger wäre es allerdings zu sagen: herunterwankten. Einer der beiden trug einen dunklen Mantel, der andere war mit einer hellen Jacke bekleidet. Sie nahmen nebeneinander auf einer Bank in der Mitte des Bahnsteiges Platz. Aus ihren Gesten war ersichtlich, dass die beiden eine sehr kontroverse Diskussion führten. Immer wieder stand der dunkel Gekleidete auf und ging ein paar Schritte hin und her, wobei er wild mit den Armen fuchtelte und ganz offenkundig erregt auf den anderen Mann einsprach. Das Ganze ging fünfzehn Minuten lang so. Dann stand der Mann im dunklen Mantel erneut auf, entfernte sich ein paar Meter von der Bank und holte dann aus seiner Manteltasche einen Gegenstand heraus, der sich gleich darauf als ein Messer entpuppte. Er umklammerte es mit der Hand, die Klinge ragte oben aus der Faust heraus. Nun ging er zu dem anderen zurück und rammte ihm die Messerklinge in den Oberarm.

Der Getroffene ging sofort zum Gegenangriff über und versetzte dem Angreifer Faustschläge. Der wiederum stach erneut auf den Mann in der hellen Jacke ein. Es entspann sich ein wüster Kampf zwischen den beiden Männern, bis sie nach einigen Minuten erschöpft wieder nebeneinander auf der Bank Platz nahmen. Doch es verging kaum eine Minute, bis sie sich aufrappelten und wieder aufeinander einschlugen und einstachen. Wenige Minuten später sanken beide von Neuem und scheinbar am Ende ihrer Kräfte nebeneinander auf die Bank. Diesmal dauerte es fast zwei Minuten, bevor sie den Kampf abermals aufnehmen konnten. Und so unglaublich es auch klingen mag – der Mann mit dem Messer stach wieder und wieder auf sein blutüberströmtes Opfer ein, und immer noch setzte sich der Verletzte mit heftigen Faustschlägen zur Wehr.

Seit dem ersten Messerstich waren mittlerweile mehr als 14 Minuten vergangen, als man auf den Aufzeichnungen eine einfahrende U-Bahn erkannte. Da stellten die beiden Männer ihren Kampf ein und betraten – scheinbar so, als sei nichts gewesen – gemeinsam einen U-Bahn-Waggon. Anhand ihrer Bekleidung stand zu vermuten, dass es sich bei dem Messerstecher um Franz-Xaver Z. handelte und sein Kontrahent mit der hellen Jacke Heribert E. war. Dies bestätigte sich im weiteren Verlauf der Ermittlungen.

Nach zwei Stationen stieg Heribert E. aus, da er in der Nähe wohnte und nach Hause gehen wollte. Franz-Xaver Z. begleitete ihn, ohne ihn weiter mit dem Messer anzugreifen. Aus welchem Grund er dies tat und warum es überhaupt zu der Auseinandersetzung gekommen war, konnte er später nicht mehr sagen; zum Zeitpunkt seiner Festnahme hatte er weit über zwei Promille Alkohol im But. Auch der Verletzte war betrunken und konnte sich an den Ablauf des Abends nicht mehr genau erinnern. Irgendwie hing wohl alles mit dem Besuch einer Kneipe zusammen, wo man sich wegen der Zeche nicht hatte einigen können.

So weit war das ja noch irgendwie nachvollziehbar. Aber fast an ein Wunder grenzte es, dass Heribert E. insgesamt rund zwanzig (!) Stiche in den Oberkörper und etwa zehn Stiche in den Kopf und in den Hals erhalten hatte und sich dennoch eine Viertelstunde lang gegen die Angriffe erfolgreich gewehrt hatte. Er überlebte seine schweren Verletzungen, wenngleich sein Zustand über längere Zeit sehr kritisch war. Selten aber habe ich eine Gerichtsverhandlung vor einem Schwurgericht erlebt, bei der der Sachverhalt einer Tat so unstrittig war wie in diesem Fall. Die Beweisaufnahme verlief daher ohne Überraschungen und unproblematisch. Das Gericht verhängte gegen Franz-Xaver Z. schließlich eine achtjährige Haftstrafe wegen versuchten Totschlags.

Der verschwundene Rollstuhlfahrer

Manche Fälle erfordern einen außergewöhnlichen Aufwand, obgleich der Sachverhalt förmlich auf der Hand zu liegen scheint. Doch auch wenn scheinbar alles klar ist, kann das Ergebnis mitunter völlig unerwartet sein, wie der nachfolgende Fall zeigt:

Mitte Dezember, an einem frostigen, aber sonnenklaren Winternachmittag, meldete sich ein Kollege der Vermisstenstelle bei mir. In einer städtischen Wohneinrichtung für sozial schwache Bürger am östlichen Stadtrand werde seit den Morgenstunden ein vierzigjähriger Rollstuhlfahrer, Armin P., vermisst. Selbstständig könne er sich nur noch über kurze Distanzen mit Hilfe von zwei Krücken fortbewegen, die er stets am Rollstuhl mit sich führe.

Diese beiden Krücken habe man nun aber in seinem Zimmer gefunden, ebenso seinen Laptop, ohne den Armin P. nach der Aussage eines Nachbarn so gut wie nie außer Haus ging. Die Kollegen hatten außerdem in Erfahrung gebracht, dass das Girokonto des Vermissten in der Nacht zuvor bis auf den letzten Cent leergeräumt worden war; die Abhebungen hatten im Abstand von fünf Stunden an zwei Bankautomaten stattgefunden, die keine Videoaufzeichnungen machten. Die letzte Abhebung war gegen 2.30 Uhr erfolgt.

Armin P. hätte am Tag seines Verschwindens einen Termin in einer kleinen Gemeinde außerhalb Münchens gehabt, um eine schöne, behindertengerechte und für ihn finanzierbare Mietwohnung zu besichtigen. Diesen hatte er weder wahrgenommen noch abgesagt. Auch das gab Anlass zur Sorge, hatte der Vermisste doch erst am Vortag mit einer Nachbarin die Fahrtroute mit der S-Bahn genau geplant. Und in Kürze hätte er die Führerscheinprüfung ablegen können und damit eine neue berufliche Perspektive erhalten. Zwei

Ereignisse, auf die sich Armin P. sehr gefreut hatte. Es gab keine nachvollziehbare Begründung für sein Verschwinden.

Vor allem ein Umstand aber war es, der die Kollegen bewog, die Mordkommission in die Ermittlungen mit einzubinden: Auf dem Laptop des Vermissten hatte man ein Dokument entdeckt, in dem dieser einen Mitbewohner verdächtigte, bei der Verteilung von Lebensmitteln im Wohnheim unredlich gehandelt zu haben. Diese Datei konnte durchaus als beabsichtigte Anzeige gegen diesen Nachbarn verstanden werden. Der solcherart Verdächtigte aber war, wie sich herausstellte, ein Mann, der wegen Totschlags viele Jahre im Gefängnis gesessen hatte! Nach seiner Entlassung hatte er in dem überwiegend von Familien mit Kindern bewohnten Heim ein Zimmer bekommen, obwohl man die Heimleitung auf die Gewaltbereitschaft des Mannes hingewiesen hatte. Vollends verdächtig wurde dieser Mann, als unsere Überprüfungen ergaben, dass er mit seinem damaligen Opfer, Olaf S., Tür an Tür in einem anderen Wohnheim gelebt hatte und es zum Totschlag gekommen war, nachdem Olaf S. wegen einer angeblichen Unterschlagung Anzeige gegen den Mann erstattet hatte ...

Nachdem wir diese Informationen erhalten hatten, gab es eigentlich niemanden in meiner Dienststelle, der ernsthaft daran zweifelte, dass Armin P. das Opfer einer Straftat geworden war. Und es war aus meiner Sicht nur folgerichtig, dass sich die Ermittlungen zunächst intensiv mit dem Mitbewohner des Vermissten befassten.

Mit einem starken Kräfteaufgebot nahmen wir daher die Ermittlungen vor Ort auf. Heimbewohner und Heimleitung wurden vernommen, und wir erfuhren viele weitere Details zu Armin P.s Gewohnheiten. Nichts von alledem ließ die Vermutung zu, dass der Vermisste Selbstmordabsichten gehabt haben könnte. Diese Möglichkeit schlossen wir schon sehr bald aus. Was nach sorgfältiger Abwägung aller bekannten Fakten blieb, war ein Unglücksfall oder ein Verbrechen.

Während Fahndungsaufrufe über die Medien verbreitet wurden, galt es für uns, die nähere Umgebung der Wohnung abzuklären. Zur Unterstützung forderten wir mehrere Gruppen geschlossener Polizeieinheiten an, die systematisch damit begannen, in der Wohnanlage nach Hinweisen auf den Verbleib des Mannes zu suchen. Nachdem dies kein Ergebnis erbrachte, wurden die Suchmaßnahmen ausgeweitet.

Da an das Wohnheim ein recht großes und unübersichtliches Areal mit einem Feld, unbefestigten Wegen, Holzhütten, Lagerschuppen, Buschbestand, verrottenden Baumaschinen und tiefverschneitem Gestrüpp angrenzte, forderte ich weitere Einsatzkräfte der Bereitschaftspolizei und Diensthundeführer an. In der Nähe des Wohnheims entdeckten die Beamten schließlich eine Schneespur, die zu einem verwilderten Grundstück führte, wo ein verfallenes Gebäude auf seinen Abriss wartete. Die parallel verlaufenden Spuren, die vom Abstand her durchaus von einem Rollstuhl stammen konnten, endeten abrupt in der Nähe der Veranda des Hauses. Ich ordnete die Durchsuchung des Anwesens an, die sehr zeitaufwändig war, da im gesamten Gelände Berge von Eisenschrott und Sperrmüll lagerten. Doch auch sie führte nicht zur Auffindung der Person oder zu weiteren Erkenntnissen.

Noch während dieser Durchsuchung erreichte mich ein neuer Hinweis. An einer Straßenkreuzung in unmittelbarer Nachbarschaft hatte die Post vor Kurzem eine unterirdische Schaltstation gebaut. Durchsuchungsbeamte hatten von Schaulustigen erfahren, dass die Maurer- und Betonarbeiten just an jenem Tag erfolgt waren, an dem man Armin P. als vermisst gemeldet hatte. In der Nacht davor sei an dieser Stelle noch eine mehrere Meter tiefe Baugrube gewesen, umgeben von Kiesbergen mit dem Aushub. In diese Grube sei dann zunächst eine Betonbodenplatte abgesenkt worden, ehe man darauf massive Betonwände errichtet und diese wiederum mit einer Betonplatte nach oben hin geschlossen habe.

In uns keimte ein schlimmer Verdacht auf: Konnte es

sein, dass der Vermisste samt seinem Rollstuhl in dem Kiesbett unter der Schaltstation begraben lag? Unter einem tonnenschweren Bauwerk, das kurz nach der vermuteten Gräueltat über der »Grabstätte« errichtet worden war? Und das in den nächsten Tagen mit einer dicken Kiesschicht zugeschüttet werden und wohl für die nächsten Jahrzehnte ein bombensicheres Versteck für eine Leiche darstellen würde?

Ich bat einen meiner Kollegen, die für den Bau der Schaltstation zuständige Stelle ausfindig zu machen. Wir mussten Klarheit darüber gewinnen, wann genau die Arbeiten durchgeführt worden waren. Außerdem wollte ich wissen, ob einem der Bauarbeiter irgendetwas aufgefallen war, beispielsweise eine ungewöhnliche Veränderung an der Baugrube. Insgeheim musste ich an eine andere Überprüfung vor einigen Jahren denken, damals war ich mit gefühlten fünfzig Leuten bei der Post verbunden worden, ehe ich nach Stunden einen wirklich Zuständigen ausfindig hatte machen können. Na ja, irgendwie würde es schon klappen ...

Sollten sich unsere Befürchtungen aber bewahrheiten: Hatte dann der Mann etwas damit zu tun, den Armin P. möglicherweise anschwärzen wollte? Der über kein Fahrzeug verfügte und dem die Baugrube – so nahe am Wohnhaus und doch abgelegen und einsam genug – in der eisigen Winternacht wie ein Geschenk vorgekommen sein mochte?

Wir mussten uns Gewissheit verschaffen. Deshalb forderte ich über unsere Einsatzzentrale eine Staffel mit Leichensuchhunden an. Während wir auf die Unterstützung warteten, machte sich die Kälte zunehmend bemerkbar. Trotz strahlenden Sonnenscheins betrug die Temperatur weit unter null Grad Celsius. In kleinen Trupps wärmten wir uns abwechselnd in einem Schnellrestaurant auf und nutzten zugleich die Pause für einen Imbiss. Schließlich trafen die Suchhunde ein und wurden nacheinander in den Graben neben der Schaltstation hinabgelassen. Kaum hatte der erste Hund seine Schnauze zum Boden gerichtet, begann er, wie verrückt zu jaulen und zu scharren. Wir blickten uns an. Sollten wir mit unseren Überlegungen ins Schwarze getroffen haben? Doch aufgrund der Erfahrung aus früheren Einsätzen mit Suchhunden wollten wir auf Nummer sicher gehen, ehe wir uns dazu entschließen mochten, das neu errichtete Bauwerk zerstören zu lassen und damit Kosten in einem hohen fünfstelligen Bereich zu verursachen. Doch auch die beiden anderen Leichenspürhunde zeigten unmissverständliche Anzeichen dafür, dass sie Leichengeruch gewittert hatten, wenngleich jeder Hund an einer anderen Stelle des Grabens anschlug.

Während wir beratend auf dem Gehweg zusammenstanden, kam ein älteres Ehepaar auf uns zu. Es hatte das Geschehen aus einiger Entfernung beobachtet und wohl auch den Grund unserer Suchaktion, die mittlerweile zahlreiche Schaulustige und mehrere Pressevertreter angelockt hatte, mitbekommen. Der Mann sprach uns an und fragte, ob wir den verschwundenen Rollstuhlfahrer unter dem Betonkasten vermuteten, was wir ausweichend beantworteten. Auszuschließen sei es jedenfalls nicht. Das könne nicht sein, erklärte uns da der Mann, das Bauwerk sei nämlich bereits einige Tage vor dessen Verschwinden fertiggestellt worden, das wisse er ganz sicher. Das klang sehr bestimmt, wenngleich wir ja von einem Passanten eine anders lautende Information erhalten hatten. Nun, der genaue Zeitpunkt ließ sich ja ermitteln. Was uns dennoch irritierte, war das Verhalten der Hunde. Doch auch dafür hatte der Mann eine überraschende Erklärung. Während des Zweiten Weltkriegs habe an dieser Stelle eine Abdeckerei gestanden. Bei einem Bombenangriff sei sie zerstört worden und mit dem Schutt – einschließlich der im Gebäude gelagerten Tierkörper – habe man die Bombentrichter aufgefüllt. Durch die jüngsten Grabungsarbeiten der Post seien nun wohl Verwesungsstoffe aus jenen Tagen freigesetzt worden, die jetzt die Hunde mit ihren feinen Nasen aufgespürt hätten. Das klang plausibel.

Tatsächlich erfuhren wir kurz darauf von der Post, dass die Station bereits drei Tage vor der Vermisstenmeldung fertiggestellt worden war.

Noch während ich mir vorstellte, was unsere Rechnungsprüfer wohl gesagt hätten, wenn sie die Kosten für den vergeblichen Abriss und den Neubau der Umschaltstation auf den Tisch bekommen hätten, wurde mitgeteilt, dass einer der Durchsuchungstrupps etwas Verdächtiges entdeckt habe. Die Beamten, die Hütte für Hütte, Schrottplatz für Schrottplatz und ein dichtes Gestrüpp nach dem anderen durchkämmt hatten, hatten hinter einer überfüllten Lagerhalle auf einem Berg von Alteisen und Sperrmüll zwei Räder eines Rollstuhls entdeckt. Der Betreiber, ein schmuddelig wirkender, kleinwüchsiger älterer Mann, hatte auf die Frage nach der Herkunft der Räder lapidar erklärt, er habe keine Ahnung. Er sei schon längere Zeit nicht mehr hinter dem Schuppen gewesen; vielleicht habe irgendjemand die Räder über den Zaun geworfen. Die Sache war es auf jeden Fall wert, genauer untersucht zu werden. Ein Kollege des Erkennungsdienstes dokumentierte die Fundstelle.

Doch gleich darauf erwies sich der Fund als nicht relevant. Nicht nur, dass die Metallteile der Reifen eine Rostschicht aufwiesen, die Räder stammten zudem eindeutig von einem anderen Modell als Armin P.s Rollstuhl. Bis in die Dunkelheit hinein setzten wir die Suchaktion fort, ehe wir schließlich unsere Unterstützungskräfte entließen. Da verschiedene Rundfunksender die Suchmeldung durchgegeben hatten, waren mittlerweile mehrere Mitteilungen über Rollstuhlfahrer eingegangen, die zu der Beschreibung des Gesuchten passten. Doch bei keiner der überprüften Personen – die Einsatzzentrale hatte entsprechend Streifenwagen informiert – handelte es sich um unsere vermisste Person.

Auch die Vernehmung des verdächtigen Zimmernachbarn führte nicht dazu, einen Anfangsverdacht gegen den Mann zu begründen. Er gab sich unbefangen und sehr kooperativ, und wir hatten das Gefühl, dass er mit dem Verschwinden von Armin P. tatsächlich nichts zu tun hatte.

In den folgenden Tagen kamen immer wieder Meldungen über verdächtige Funde herein, doch sie stellten sich allesamt als nicht zielführend heraus. Trotz intensiver Nachforschungen, trotz der Unterstützung durch Einheiten anderer Polizeiverbände blieb der Rollstuhlfahrer unauffindbar. So sehr wir uns auch bemühten, alle Anstrengungen verliefen letztlich im Sande. Das war eine ziemlich frustrierende Situation für uns alle, das gebe ich unumwunden zu.

Das änderte sich allerdings schlagartig, als viele Wochen später ein Kollege von der Flughafenpolizei bei uns anrief. Er habe auf einem der Fahndungsplakate, welche landesweit an allen Bahnhöfen aushingen, den Namen und die Beschreibung von Armin P. gelesen. Heute nun sei ihm am Flughafen zufällig eine ältere Ausgabe einer bayerischen Tageszeitung in die Hände geraten. Darin sei ein Interview mit einem Rollstuhlfahrer abgedruckt, der vor einiger Zeit aufgebrochen war, um ein neues Leben zu beginnen. Die Zeitung hatte auch ein Bild des Rollstuhlfahrers und seinen Namen abgedruckt – und dabei war dem Kollegen unser Fahndungsplakat eingefallen. Denn bei dem Rollstuhlfahrer handelte es sich um unseren Vermissten aus dem Münchner Wohnheim!

Diese Nachricht schlug bei uns ein wie eine Bombe – keiner von uns hatte geglaubt, dass der Mann noch am Leben sei. Seine derzeitige Adresse ließ sich zum Glück über den Reporter der Zeitung ermitteln, der das Interview geführt hatte. Wie sich bei der Vernehmung dann herausstellte, war Armin P. auf seiner Fahrt in ein neues Leben auf einem verschneiten Waldweg einem Jäger aufgefallen. Der hatte ihn angesprochen und Armin P. erzählte ihm von seinem spontanen Entschluss, quasi über Nacht alle Brücken hinter sich abzubrechen. Seine Geschichte bewegte den Jägersmann und er vermittelte den einsamen Aussteiger an einen Reporter. Wir erfuhren, dass der Mann in den frühen Morgenstunden des Tages, an dem er als vermisst gemeldet worden war, mit seinen Ersparnissen für mehrere Wochen nach Spanien geflogen war, um Urlaub zu machen. Vor etwa zwei Wochen war er wieder in München gelandet, in seine Wohnung wollte er jedoch nicht mehr zurückkehren, sondern sich »neuen Herausforderungen« stellen. Bei einem Telefonat zeigte sich der Vierzigjährige sehr erstaunt über die Einschaltung der Polizei. Mit so etwas habe er nicht im Traum gerechnet.

Auf die Frage, warum er denn seine Krücken und andere Dinge zurückgelassen und außerdem zu so merkwürdigen Zeiten an zwei verschiedenen Banken Geld abgehoben habe, entgegnete er kurz angebunden, er könne wohl machen, was er wolle. Das alles sei nicht strafbar. Da der Mann, wie die Kollegen aus Niederbayern berichteten, in guter körperlicher und seelischer Verfassung war, durfte er seinen Weg ungehindert fortsetzen.

So wenig wir mit dieser überraschenden Wende bei unseren außerordentlich aufwendigen Ermittlungen gerechnet hatten, so sehr waren wir natürlich über den Ausgang erfreut. Denn es ist leider die große Ausnahme, dass jemand, von dem man sicher annehmen muss, dass er nicht mehr lebt, plötzlich wohlbehalten wieder auftaucht. Dies bestätigt aber einmal mehr, dass man selbst scheinbar sichere Gegebenheiten immer wieder mit größtmöglicher Sorgfalt hinterfragen muss.

Für mich aber zeigte dieser Fall einmal mehr, dass man selbst dann, wenn eigentlich kein vernünftiger Zweifel an einem Sachverhalt zu bestehen scheint, das geflügelte Wort nicht außer Acht lassen sollte: Denn erstens kommt es anders und zweitens als man denkt ...

Der »Hotelgast« mit dem Hammer

Montagmorgen: Zeit, die Handys und Fahrzeuge für die Bereitschaft zu übernehmen. Mir klangen noch die Worte meines Amtsbruders im Ohr: »Na, hoffentlich habt ihr auch so ein Glück wie wir und kommt ohne Ausrücker über die Woche«, als auch schon das Telefon auf meinem Schreibtisch klingelte.

»Da will sich wohl jemand krankmelden«, mutmaßte einer der Kollegen angesichts der kalten Januarwitterung, während ein zweiter vor sich hin brummte: »Bei dem S...wetter wahrscheinlich das Beste, was einem passieren kann!« Doch aus dem Hörer drang kein erkältetes Krächzen, sondern die vertraute Stimme eines Kollegen des Kriminaldauerdienstes: »Tut mir leid, wenn ich so früh schon lästig werde; aber wir sind bereits seit knapp zwei Stunden in der Innenstadt in einem Hotel tätig.« Er dehnte die nachfolgende Pause geschickt so in die Länge, dass ich nachhakte: »Irre ich mich oder wirst du mir gleich erzählen, dass eure Tätigkeit in diesem Hotel irgendetwas mit uns zu tun hat?« »Du triffst den Nagel auf den Kopf – es sieht alles danach aus, dass das ein Fall für euch ist!«

Gegen 7.30 Uhr hatte eine Zeitungsausträgerin den Eingangsbereich eines kleinen Appartementhotels in einer ruhigen Seitenstraße in der Innenstadt betreten. Sie wollte dem Pförtner dort wie jeden Tag eine Zeitung bringen. Doch zu ihrem Entsetzen fand sie den Mann blutüberströmt und reglos im Foyer vor. Die Zeitungsausträgerin alarmierte sofort die Polizei und den Notarzt, der den schwerverletzten Pförtner in eine Klinik einlieferte, wo man lebensgefährliche Kopfverletzungen diagnostizierte.

Die Polizeibeamten fanden im Foyer des Hotels eine Tüte mit Einbruchswerkzeug sowie eine gewaltsam geöffnete

Geldkassette. Ein aufgebrochenes Fenster in dem zum Hinterhof gelegenen Waschmaschinenraum untermauerte den Verdacht, dass der Portier einen Einbrecher gestört hatte. Dieser hatte ihn offensichtlich mit dem Hammer niedergeschlagen, den man blutbefleckt in einem Nebenraum entdeckte. Ob und wie viel Geld fehlte, konnte man noch nicht sagen.

Bei diesem Sachverhalt war klar, dass wir den Fall übernehmen mussten. Meine Kollegen hatten das Gespräch mitverfolgt und griffen zu ihren Einsatztaschen. Da ein Beamter des Kriminaldauerdienstes im Krankenhaus bereits die Bekleidung des Opfers sichergestellt hatte, um sie auf Spuren untersuchen zu lassen, und der Verletzte derzeit operiert wurde, war dort aus meinem Team niemand erforderlich. Wichtiger war es im Moment, sich über den Tatort einen genauen Überblick zu verschaffen und bei den Hotelgästen nachzufragen, ob jemandem etwas Verdächtiges aufgefallen war.

Nach den notwendigen Verständigungen – Staatsanwaltschaft, Erkennungsdienst – bahnte sich unser kleiner Konvoi mit zuckenden Blaulichtern und heulenden Sirenen seinen Weg durch den dichter werdenden Berufsverkehr in der Innenstadt. Im Hotel konnte uns die Besitzerin Informationen über den Verletzten und die Gepflogenheiten des Hotelbetriebes geben. Wir erfuhren, dass der Pförtner, der zweiundsiebzigjährige Björn St., seit mehr als fünf Jahren in der Nachtschicht hier arbeitete und so seine Rente aufbesserte. Er galt als ausgesprochen zuverlässig und gewissenhaft und noch nie hatte es irgendwelche Probleme gegeben.

Das Hotel verfügte über rund dreißig Zimmer, die zum Zeitpunkt des Überfalls überwiegend an Gäste aus dem arabischen Raum vermietet waren, die teils mehrere Wochen lang zu medizinischen Behandlungen in München weilten. Da es in dem Hotel weder einen Frühstücksraum noch ein Restaurant gab, war mit Ausnahme des Pförtners kein weiteres Personal zur Tatzeit vor Ort gewesen. Die Befragung der Hotelgäste, die mit Hilfe von Beamten der Einsatzhundertschaft erfolgte, erbrachte als einzigen möglichen Hinweis auf die Tat die Aussage einer Dame, die gegen 6 Uhr einen lauten Krach gehört, dem aber keine Bedeutung zugemessen hatte.

Im Laufe des Tages zeichnete sich der mögliche Tatverlauf ab. Offenbar war der Täter tatsächlich durch das aufgebrochene Fenster des Waschmaschinenraums in das Hotel gelangt und hatte sich in den Räumen nach Diebesgut umgesehen. Dabei war ihm vermutlich der Pförtner in die Quere gekommen, worauf er dem alten Mann mit mindestens einem wuchtigen Hammerschlag gegen die Stirn einen offenen Schädelbruch zugefügt sowie durch weitere Gewaltanwendung mehrere Gesichtsknochen gebrochen hatte.

Die Geldkassette hatte wohl nur einen geringen Geldbetrag enthalten, da über sie lediglich der Verkauf von Getränken an die Hotelgäste lief.

Der Portier, so stellte sich heraus, hatte stets peinlich genau darauf geachtet, dass sämtliche Eingänge zum Hotel versperrt waren. Ein Zugang war nachts nur durch eine Glastür möglich, die Tür ließ sich von der Straßenseite aber nicht selbsttätig öffnen. Man musste klingeln und nur wer sich als Gast ausweisen konnte, wurde eingelassen.

In den Abendstunden erhielten wir von der Klinik die Auskunft, dass es nach einer fast zehnstündigen Notoperation gelungen war, das Leben von Björn St. zu retten. Sein Zustand sei erstaunlich stabil, hieß es. Sollte sich daran über Nacht nichts ändern, könnte er möglicherweise im Laufe des nächsten Tages schon kurz zum Hergang der Tat vernommen werden.

Für uns ging es weiter wie gehabt. An einer großen Feier in unserer Dienststelle konnte meine Kommission natürlich nicht teilnehmen, das war klar. Gegen 10 Uhr meldete sich ein Kollege einer Innenstadtinspektion und informierte uns über einen Anruf, den er erhalten hatte. Ein Mann hatte berichtet, dass eine junge Frau namens Lydia V. einen Bekannten von ihm zu einem Treffen aufgefordert hatte. Da dieser eine Falle befürchtete und vermutete, er solle um Geld erleichtert werden, lehnte er unter einem Vorwand ab. Daraufhin drohte Lydia V. unverblümt, sollte er nicht kommen, dann werde ihm dasselbe wie »dem Mann im Hotel mit dem Hammer« zustoßen. Der Anrufer wusste zwar nicht, was es mit dieser Drohung auf sich hatte, jedenfalls nahm der Erpresste die Drohung ernst, zumal die junge Frau einen Freund hatte, der als äußerst gewalttätig bekannt war.

Mir war sofort klar, dass das Mädchen, das die Drohung ausgesprochen hatte – und möglicherweise auch ihr Freund –, etwas mit dem Mordversuch an dem Hotelportier zu tun haben musste. Denn über den Fall hatte bis zu diesem Zeitpunkt noch kein Rundfunk- oder Fernsehsender und auch keine Zeitung berichtet.

Bei der aktenmäßigen Überprüfung der Frau ergaben sich auch Hinweise auf ihren Freund, der bei uns kein unbeschriebenes Blatt war. Es handelte sich um einen siebzehnjährigen Jugendlichen aus der Ukraine, Sergej R., der unter anderem wegen Körperverletzung vorbestraft war. Er hatte auch schon einen Jugendarrest verbüßt. Sergej R. und die Frau, die die Drohung ausgestoßen hatte, waren unter derselben Adresse gemeldet.

Daher schickte ich sofort mehrere Streifen zur Wohnung der beiden, um sie getrennt voneinander zur Vernehmung in unsere Dienststelle zu bringen. Nachdem auf Klingeln und Klopfen nicht geöffnet wurde, obwohl sich in der Wohnung deutlich vernehmbar mehrere Personen aufhielten, ordnete ich auf Gefahr im Verzug hin die gewaltsame Öffnung der Wohnungstür an. Dies erfolgte und die vier Personen, die die Kollegen dort antrafen, wurden zur Vernehmung mitgenommen.

Mittlerweile erreichte uns aus dem Krankenhaus die Information, dass Björn St. aus der Narkose erwacht und ansprechbar sei. Es grenzte fast an ein Wunder, dass er die Verletzungen überlebt hatte und schon jetzt in der Lage war, Fragen zur Tat zu beantworten. Mit Wahllichtbildtafeln, die Spezialisten unseres Erkennungsdienstes mit Fotos der vier Personen sowie ähnlich aussehender Männer zusammengestellt hatten, fuhren zwei Kollegen meiner Dienststelle zum Geschädigten ins Krankenhaus. Spontan und ohne jeden Zweifel erkannte er den siebzehnjährigen Ukrainer als denjenigen, der ihn mit dem Hammer angegriffen und niedergeschlagen hatte. Daraufhin wurde Sergej R. die vorläufige Festnahme erklärt und er wurde als Beschuldigter vernommen. Dabei legte er ein Teilgeständnis ab. Demnach war er gegen vier Uhr früh durch ein Fenster an der Rückseite des Hotels eingestiegen. Als er auf den Pförtner stieß, gab er sich als Gast aus und tat so, als wolle er bereits um diese frühe Zeit das Hotel verlassen. Das machte er dann auch, um jedoch kurz darauf dorthin zurückzukehren. Der Portier ließ den vermeintlichen Hotelgast wieder ein. Jetzt erfolgte der Angriff mit dem Hammer und möglicherweise trat der Täter seinem Opfer auch noch mehrfach mit den Füßen ins Gesicht, nachdem der Pförtner zu Boden gestürzt war.

Anschließend brach Sergej R. die kleine Getränkekasse auf, entnahm den sehr geringen Geldbetrag und flüchtete, ohne sich im Geringsten um sein schwerstverletztes Opfer zu kümmern.

Am Tag nach der Festnahme erging gegen Sergej R. Haftbefehl wegen versuchten Mordes, gefährlicher Körperverletzung und wegen Raubes. Die Jugendkammer verhängte gegen ihn eine mehrjährige Haftstrafe. Björn St. gab nach seiner Genesung seine Tätigkeit als Nachtportier auf. Die Angst vor einem erneuten Überfall machte ihm die Fortsetzung der Arbeit unmöglich.

Das blutige Geheimnis

Das Telefon auf meinem Schreibtisch läutete. Es war kurz vor 11 Uhr. Die Kollegen blickten mich beschwörend an. Ihre Blicke schienen mich hypnotisieren zu wollen: »Heb jetzt bloß nicht ab; du weißt, elf Uhr! *ELF UHR!*« An sich ist ein Anruf bei der Polizei um diese Zeit ja nichts Besonderes, aber an Donnerstagen war um diese Uhrzeit die Gefahr gegeben, dass die Kantine auf drei Portionen Schnitzel Wiener Art mit leicht übersäuertem Kartoffelsalat sitzenblieb. Denn Donnerstag ist traditionell Schnitzeltag in den Hallen der Polizeikantine und um Punkt 11 Uhr ist seit Menschengedenken für die fünfte Mordkommission die Mittagessenszeit, danach kann man ohne Weiteres die Uhr stellen. Ich kämpfte einen kurzen, aber natürlich völlig vergeblichen inneren Kampf, ob es nicht besser wäre, das Klingeln einfach zu ignorieren und zunächst den wirklich wichtigen Dingen nachzugehen: nämlich zu testen, ob sich der Geschmack des Kartoffelsalates seit der letzten Woche auf wundersame Weise zum Positiven hin verändert hätte. Doch natürlich widerstand ich den lukullischen Verlockungen und folgte meinem Pflichtgefühl.

Dann lauschte ich eine Weile der ruhigen Stimme des Anrufers, der sich als ein Kollege der Posteinlaufstelle in unserem Präsidium entpuppte, und versprach ihm schließlich, mich mit meinem Bereitschaftsteam sofort zu ihm in die Expedition zu begeben. Unterwegs informierte ich alle Beteiligten im Telegrammstil über das Wenige, was ich selbst bis dato von der Sache wusste. Einer der Kollegen pfiff leise durch die Zähne: »Das hört sich nicht gut an«, war sein ganzer Kommentar. In der Poststelle, die drei Stockwerke unter unserem Bürotrakt residiert, hatten sich mehrere Angestellte um ein offenes gelbes Postpaket versammelt, das auf einem

Tisch stand. Der Kollege, der mich angerufen hatte, erzählte merklich aufgeregt, dass ein Paketbote es vor etwa 30 Minuten angeliefert hatte. Als Adressat war lediglich angegeben: »Kriminalpolizei München« und die Postadresse. Der Name des Absenders jedoch hatte den Angestellten misstrauisch gemacht. Vermerkt war nämlich: »Der mit dem Bär brüllt – hinter dem Berg 1« und eine bayerische Stadt. Auffällig war zudem, dass der Karton, der etwa die Ausmaße eines Mikrowellengerätes hatte, fast nichts wog. Daher verständigte er seinen Chef und weitere Kollegen. Anschließend wurde das Paket mit größter Vorsicht geöffnet. Als Erstes fiel den Männern auf, dass die Innenwände mit einer dunkelroten Flüssigkeit bemalt waren, bei der es sich offenbar um Blut handelte. Am Boden des Kartons befanden sich – nebeneinander mit Klebeband befestigt – ein großes Fleischermesser mit scheinbar ebenfalls blutverschmierter Klinge, eine kleine Tonbandkassette und ein Schließfachschlüssel der Deutschen Bundesbahn. Über der Schließfachnummer klebte ein Centstück. Die Kollegen hatten das Paket in diesem Zustand belassen und uns alarmiert. Womöglich war ja mit dem Messer ein Mensch getötet worden?

Ich betrachtete unschlüssig den rätselhaften Inhalt des Paketes. Vermutlich würde uns die Tonbandkassette Aufschluss darüber geben, was »Der-mit-dem-Bär-brüllt« mit dem Paket bezweckte. Zuerst mussten wir aber dafür sorgen, dass keine der möglicherweise vorhandenen Spuren beschädigt oder gar vernichtet würde. Nachdem eine Kollegin der Spurensicherung den Karton von allen Seiten fotografiert hatte, führte sie einen Schnelltest durch, ob es sich bei der roten Flüssigkeit um Menschenblut handelte. Die Teststreifen reagierten jedoch nicht, möglicherweise war es also Tierblut. Nachdem die Kollegin die Gegenstände vom Boden des Kartons abgelöst und spurentechnisch bearbeitet hatte, übergab sie uns die Tonbandkassette und den Schließfachschlüssel. Schachtel und Messer wurden eilig zur genaueren Untersuchung zum Institut für Rechtsmedizin transportiert; ein Kollege übernahm die Nachforschungen bei der Post.

Unterdessen hatte ein Kollege irgendwo im Präsidium einen alten Kassettenrekorder aufgetrieben. Die Kassette passte und so starteten wir die Wiedergabe. Nach kurzem Rauschen ertönte die Stimme eines Mannes, der dem Dialekt nach aus Sachsen oder aus Thüringen stammte. Seine Botschaft begann mit einer unflätigen Äußerung über die Polizei. Sodann behauptete er, dass er eine »hochgestellte Persönlichkeit« in seine Gewalt gebracht und dabei schwer verletzt habe. Die Polizei könne das Leben der Person jedoch retten, wenn sie seine Anweisungen wortgetreu befolge. An einem genau bezeichneten Bahnhof am Stadtrand Münchens sei das Schließfach, zu dem der mitgelieferte Schlüssel passe. Darin befänden sich weitere Instruktionen.

Meine Kollegen und ich blickten uns unschlüssig an. Die Interpretation des bisher bekannten Sachverhaltes und der Aussagen des unbekannten Mannes ließen eigentlich nur den Schluss zu, dass wir es mit einer Entführung zu tun hatten. Irgendetwas aber war an dieser Sache merkwürdig, da waren wir uns alle einig. Allein schon die Art und Weise, als Entführer direkt die Polizei zu kontaktieren und dabei sogar eine verräterische Stimmaufzeichnung mitzuschicken, war eher ungewöhnlich. Auch gab es bislang weder Forderungen noch eine Erklärung, warum der Täter die »hochgestellte Persönlichkeit« in seine Gewalt gebracht hatte. Ich hatte ein ähnliches Vorgehen bei den neun Entführungen, die ich bis dato mit meiner Kommission bearbeitet hatte, noch nie erlebt; im Gegenteil, normalerweise verlangen Entführer von den Erpressten ausdrücklich, sich keinesfalls an die Polizei zu wenden. Trotzdem mussten wir natürlich der Forderung des Unbekannten unverzüglich nachkommen und uns vom Inhalt des Schließfachs überzeugen.

Nachdem ich meine vorgesetzte Dienststelle und die Staatsanwaltschaft informiert hatte, forderte ich einen

Sprengstoffexperten an, den ich zu dem Bahnhof beorderte. Außerdem ersuchte ich die Einsatzzentrale um die Entsendung eines Zuges der Einsatzhundertschaft, damit wir den Schließfachbereich weiträumig absperren konnten, bevor der Sprengstoffexperte das Fach öffnete. Denn es war nicht auszuschließen, dass das Paket und die Botschaft nur dazu dienten, die Polizei in einen Hinterhalt zu locken. Womöglich handelte es sich ja um eine Sprengfalle.

Mit unserem Konvoi aus fünf Fahrzeugen bahnten wir uns mit Sondersignalen einen Weg zu unserem Ziel am Stadtrand. Kurz nach uns trafen – ebenfalls unter Sirenengeheul – die VW-Busse der Einsatzhundertschaft und zwei Streifen der Bahnpolizei ein. Jetzt um die Mittagszeit herrschte reger Fußgängerverkehr in der Bahnhofshalle und auf den Zugängen zu den Bahnsteigen. Mit Hilfe der Bahnpolizisten war das Schließfach rasch gefunden. Äußerlich war nichts Auffälliges daran zu erkennen. Die Kollegin des Erkennungsdienstes und zwei weitere Spurensicherungsexperten, die sie zur Unterstützung angefordert hatte, suchten außen an der Tür nach Spuren, ehe sie dem Sprengstoffexperten das Terrain überließen. Ich beneidete den Kollegen nicht, der trotz der sommerlichen Hitze mit seiner schweren gepanzerten Schutzkleidung wie ein Polarbewohner bei minus 50 Grad Celsius verpackt war.

Vor diesem trat jedoch noch ein weiterer »Kollege« in Aktion, nämlich ein Sprengstoffspürhund, der nur kurz an dem Schließfach schnupperte und ohne besonderes Interesse wieder davon abließ. Das deutete nicht auf Sprengstoff hin. Die anschließende Absperrung des Areals führte verschiedentlich zu heftigen Unmutsäußerungen von Reisenden, die unbedingt ihren Zug erreichen wollten. Doch letztlich mussten sie sich mit der Situation abfinden. Dann war es endlich so weit: Die Tür schwang auf und offenbarte eine weitere Tonbandkassette und einen zweiten Schließfachschlüssel, über dessen Nummer abermals ein Centstück geklebt war.

Sofort wurde die Absperrung wieder aufgehoben, und auch die zahlreichen Schaulustigen, die das Polizeiaufgebot angelockt hatte, verschwanden nach und nach. In der nächstgelegenen Polizeidienststelle hörten wir die neue Botschaft an. Diesmal wurden wir mit einem freundlichen Einleitungssatz empfangen. Dann erfuhren wir, dass uns das Versteck des Opfers – wer hätte dies angesichts des zweiten Schließfachschlüssels wohl vermutet – in einem Schließfach verraten würde.

Unser neues Ziel lag genau am anderen Stadtende. Doch noch ehe die bereits erprobten Abläufe erneut in Gang gesetzt werden konnten, erreichte mich eine Nachricht meines Kollegen, der bei der Post ermittelt hatte. Er hatte nicht nur das Postamt ausfindig gemacht, wo das Paket aufgegeben worden war, sondern sogar – ich glaubte, nicht recht zu hören – den mutmaßlichen Täter! Anhand der Paketaufkleber hatten sich Postamt, Schalter und Uhrzeit ermitteln lassen. Mein Kollege war daraufhin zu diesem Postamt in einer kleinen Vorortgemeinde im Westen Münchens gefahren. Allerdings war der Schalterbeamte, der das Paket entgegengenommen hatte, gerade in Urlaub. Doch gelang es, ihn telefonisch zu erreichen, und er erinnerte sich sofort an den komischen Kauz, der das Paket mit dem merkwürdigen Absender aufgegeben hatte. Dabei lieferte der Postler eine erstaunlich genaue Beschreibung dieses Kunden, die zudem sehr markant war. Der Kollege erkundigte sich bei der zuständigen Polizeiinspektion und erfuhr zu seiner Verblüffung, dass der Mann dort bekannt war. Ein etwa dreißigjähriger, offenbar etwas verwirrter Mann, auf den die Beschreibung des Postbeamten exakt zutraf, hatte in der Vergangenheit bereits mehrfach Pakete mit blutigen Tierorganen an Politiker und Organisationen verschickt. Dazu gab es auch Ermittlungen.

Noch ehe der Kollege dazu kam, mich zu kontaktieren und über das Ergebnis seiner Überprüfung zu informieren, erhielt er einen Anruf des Kollegen, mit dem er gerade gesprochen hatte. Und dieser schoss mit seiner Mitteilung den Vogel ab: Der Verdächtige sei vor einer Minute festgenommen worden – als er versuchte, mit einem Stein die Scheibe an der Eingangstür der Polizeiinspektion einzuwerfen! Ich veranlasste, den Mann in Eilfahrt zu unserer Dienststelle zu bringen, wo ihn sofort nach seiner Ankunft zwei Kollegen vernehmen sollten.

Bis dahin aber konnten wir natürlich nicht untätig warten, falls es wirklich einen Verletzten gab, der auf unsere Hilfe angewiesen war. Also setzten wir uns rasch ins Auto und diesmal folgte unserer Mordkommission bereits ein deutlich angewachsenes Polizeiaufgebot: die Fahrzeuge des Erkennungsdienstes, des Sprengstoffexperten, des Hundeführers, der Einsatzhundertschaft und der Bahnpolizei. Der Verkehr kam vielerorts zum Erliegen, bis wir mit unserem Konvoi das neue Ziel erreicht hatten. Inzwischen hatte sich der Einsatz auch bei den zuständigen Direktionen und den Polizeiinspektionen herumgesprochen, und so warteten bereits weitere Einheiten vor Ort auf uns.

Nachdem wir das Schließfach gefunden hatten, wiederholte sich das vom Bahnhof zuvor bereits bekannte Prozedere: Sprengstoffhund, Erkennungsdienst, Absperrung, Delaborierer (also Sprengstoffexperte), geöffnetes Schließfach – dann die dritte Kassette nebst einem weiteren Schließfachschlüssel. Ich hegte insgeheim die Befürchtung, dass diese Schnitzeljagd womöglich noch stunden- oder gar tagelang fortgesetzt werden könnte. In einem Dienstraum der Bundespolizei hörten wir die neue Nachricht ab. Zahlreiche Kollegen waren uns gefolgt und lauschten nun ebenfalls den Worten des Mannes, der seinen vermeintlichen Triumph, nämlich die »dämlichen Bullen« an der Nase herumzuführen, nun nicht mehr auskosten konnte.

Erneut wurden wir aufgefordert, ein Schließfach zu öffnen – diesmal schickte uns der Täter ins Stadtzentrum, zum

Hauptbahnhof. Der Botschaft war jetzt aber ein Zusatz beigefügt, der Böses erwarten ließ: Dort nämlich würden wir auf das Opfer treffen, das – so wurden wir gewarnt – einen grauenhaften Anblick biete. Die Ansage endete mit: »Der-mit-dem-Bär-brüllt.«

Ich telefonierte mit den Kollegen, die in der Zwischenzeit mit der Vernehmung des Tatverdächtigen begonnen hatten. Der Mann hatte zwar zugegeben, das Paket verschickt zu haben, weigerte sich jedoch beharrlich, zu seinem Opfer irgendwelche Angaben zu machen.

Also blieb uns nur, am Hauptbahnhof in dem Schließfach nach dem Rechten zu sehen. Mittlerweile war die Zahl der Fahrzeuge, die sich nun zeitgleich mit uns in Richtung Hauptbahnhof in Bewegung setzte, nochmals angestiegen. Knapp zehn Minuten später erreichten wir die neue – und hoffentlich letzte – Station unserer Kreuzfahrt durch München, die wir »Der-mit-dem-Bär-brüllt« zu verdanken hatten. Auch hier versammelten sich sofort zahlreiche Schaulustige, die dem erhofften Spektakel – was auch immer geboten würde – beiwohnen wollten. Da sich das Schließfach jedoch in einem Nebenraum befand, war es nicht allzu schwierig, diesen Bereich so abzusperren, dass niemand Einblick hatte oder gar im Falle eines Sprengstoffattentates gefährdet wäre.

Schweigend wartete ich mit einer kleinen Gruppe von Kollegen auf die Öffnung des Schließfachs durch den Sprengstoffexperten. Die Anspannung war allen deutlich ins Gesicht geschrieben. Dann endlich die erlösenden Worte des Sprengstoffspezialisten: »Die Tür ist offen, ihr könnt kommen!« Neugierig traten wir näher. Welcher Anblick würde uns wohl erwarten? In dem Schließfach lag ein Karton, nicht viel größer als eine Schuhschachtel, der diesmal außen rot gestrichen war. Es wirkte wie Blut, allerdings hatte uns das Institut für Rechtsmedizin informiert, dass es sich bei dem Innenanstrich des ersten Kartons um Rinderblut gehandelt hatte. So war hier Ähnliches zu vermuten. Oben auf dem Karton stand das Wort »Opfer«. Der Sprengstoffexperte versicherte uns, wir könnten den Deckel ruhig anheben, er habe das bereits gemacht, es befinde sich kein Sprengstoff darin. Wir ließen der Kollegin der Spurensicherung mit ihren Gummihandschuhen den Vortritt. Angesichts der geringen Abmessungen der Schachtel hatte ich so meine Zweifel, dass darin ein Opfer lag – allenfalls vielleicht Teile davon, wie das ja leider immer wieder einmal vorkommt.

Als die Kollegin den Inhalt des Kartons erblickte, schloss sie den Deckel schnell wieder und drehte sich zu uns um. »Das ist wohl das Grausamste, was ich je erblickt habe!« Damit hielt sie uns den Karton entgegen. »Überzeugt euch selbst!« Doch der Ausdruck ihrer Augen strafte ihre Worte Lügen. Man sah ihr deutlich an, wie sehr sie sich bemühte, ernst zu bleiben. Bevor ein anderer reagieren konnte, öffnete sie selbst den Deckel und hielt uns die Schachtel entgegen. Unwillkürlich mussten wir lachen. Denn in der Schachtel lag, gefesselt mit winzigen Handschellen – ein kleines rosa Stoffschweinchen! Zwei Papierflaggen – die deutsche und die amerikanische – lagen gekreuzt über der Brust des »Opfers«. Auf die amerikanische Flagge hatte der Täter zudem den Namen des amerikanischen Präsidenten geschrieben. Außerdem befanden sich ein kleiner Fotoapparat und eine weitere Tonbandkassette in dem Karton.

Die Botschaft auf dieser Kassette verstärkte den Verdacht, dass der Täter offenbar ein psychisches Problem hatte. Denn er forderte uns darin auf, den Präsidenten zu retten und ihm die Fesseln abzunehmen. Außerdem sollten wir die Bilder seines Fotoapparates betrachten. Mit der Bemerkung, man werde sich bald sehen, endete diese Nachricht von »Der-mit-dem-Bär-brüllt«. Die Realität hatte diese letzte Ankündigung allerdings bereits eingeholt, die Begegnung hatte ja schon stattgefunden. Der Rest ist schnell erzählt: Auf den

Bildern war das Stoffschweinchen mit und ohne Fesseln zu sehen, nichts weiter. Der Beschuldigte wurde stationär in einer psychiatrischen Einrichtung untergebracht; für seine Taten wurde er als strafrechtlich nicht verantwortlich befunden.

Eine tödliche Falle

Ich erinnere mich gut daran, wie ich am ersten Arbeitstag bei der Mordkommission das Büro eines Kollegen »meiner« zukünftigen Mordkommission betrat. Wir kannten uns bereits von einem einjährigen Kriminalfachlehrgang, den wir gemeinsam absolviert hatten. Bei einer Tasse Kaffee ließen wir die alten Zeiten wiederauferstehen und dann erhielt ich erstmals einen detaillierten Einblick in die Arbeit einer Mordkommission. Gerade bei Mordermittlungen, so machte er mir klar, komme es auf akribische Genauigkeit an, auf Ausdauer, auf besonderes Geschick bei Vernehmungen und auch auf außerordentliche Sorgfalt bei der Sicherung von Spuren und Beweismitteln. Denn oft genug seien Letztere entscheidend in Schwurgerichtsverfahren, wenn es um »lebenslänglich« oder um einen Freispruch gehe.

Es war unschwer zu erkennen, dass mein Kollege sich mit Leib und Seele der Aufklärung von Mordfällen verschrieben hatte; dementsprechend lebendig und zugleich eindringlich waren seine Schilderungen. Dann wartete er sogleich mit einem praktischen Beispiel auf.

Mir war beim Betreten seines Büros bereits aufgefallen, dass er an einer Wand eine große Papierbahn befestigt hatte, auf der zahlreiche Fotos, mit Pfeilen verbundene, beschriftete Kästchen, diverse Wochentage mit Datum und Uhrzeiten und weitere handschriftliche Vermerke zu sehen waren. Jetzt zeigte mein Kollege auf diese Collage und erklärte, diese Aufstellung veranschauliche, was es mit Ausdauer und Akribie bei Mordermittlungen auf sich habe. Diese grafische Übersicht, so erfuhr ich, dokumentiere einen bis dato ungeklärten Mordfall. Dann lauschte ich gebannt seiner Schilderung eines Verbrechens, das sich sieben Jahre zuvor ereignet hatte. Ich ahnte nicht, dass mich dieser Fall selbst noch fast acht Jahre lang beschäftigen sollte.

Kurz vor Weihnachten des Jahres 1986 machte ein Jagdaufseher einen nächtlichen Kontrollgang durch sein Revier in einem Waldgebiet südlich von München. Dabei sah er auf einem Waldweg einen Pkw stehen, der ihm unbekannt war. Er vermutete, dass sich in dem Fahrzeug ein Liebespärchen vergnügte, und verzichtete auf eine Überprüfung des Autos. Als er jedoch eine halbe Stunde später auf dem Rückweg das Auto immer noch an derselben Stelle vorfand, kam ihm dies komisch vor. Für ein Liebesabenteuer erschien ihm die Zeit angesichts der kalten Temperaturen doch zu lange und so trat er näher heran. Nach einem Blick ins Fahrzeuginnere wurde ihm schlagartig klar, dass hier keine Zärtlichkeiten ausgetauscht worden waren. Denn auf dem Rücksitz saß reglos ein Mann. Über seinen Kopf war eine Plastiktüte gestülpt, die mit Klebeband um seinen Hals befestigt war. Es bestand für den Waidmann kein Zweifel daran, dass er es mit einer Leiche zu tun hatte. Er alarmierte die Polizei.

Etwa zehn Minuten später stoppte ein Streifenwagen neben dem Jagdaufseher. Aufgeregt berichtete er den Polizisten von seiner Entdeckung und führte die Beamten anschließend zu dem Fahrzeug. Die unterrichteten dann – wie dies bei nicht geklärten Todesfällen üblich und vorgeschrieben ist – die Kriminalpolizei, und Beamte des Kriminaldauerdienstes KDD übernahmen die ersten kriminalpolizeilichen Maßnahmen am Tatort. War es Unerfahrenheit oder war es mangelndes kriminalistisches Gespür – auf jeden Fall gingen die Kriminalbeamten davon aus, dass es sich um einen Selbstmord handelte. So holten sie die Leiche ohne besondere Vorkehrungen zur Spurensicherung aus dem Fahrzeug und legten sie auf dem Waldweg ab. Im Fahrzeug befand sich auch ein auffällig großer Karton.

Ungeachtet der Tatsache, dass der Kopf der Leiche in einer Plastiktüte steckte, die verklebt worden war, glaubten die beiden Beamten immer noch, dass der Mann Suizid begangen hatte. Zur Sicherheit aber verständigten sie nun den Bereitschaftsdienstbeamten des Kommissariats für Todesermittlungen, da sie sich keinen Reim darauf machen konnten, wie dieser vermeintliche Selbstmord abgelaufen sein konnte.

Wie gesagt (siehe auch »Aufgaben und Organisation des Mordkommissariats«), gibt es beim Münchner Polizeipräsidium ein eigenes Kommissariat, das K 12, das bei ungeklärten Todesfällen ermittelt. Die Beamten dieser Dienststelle werden immer dann verständigt, wenn der Leichenschauarzt davon ausgeht, dass die Person eines nicht natürlichen Todes gestorben ist, oder wenn er eine »ungeklärte Todesursache« bescheinigt.

Von einem »nicht natürlichen Tod« spricht man zum Beispiel, wenn jemand nach einem Brand, einem häuslichen Unfall oder bei einem Betriebsunfall stirbt, wenn ein Mensch Selbstmord verübt, beim Baden ertrinkt, aufgrund eines autoerotischen Unfalls oder durch die unbeabsichtigte Aufnahme giftiger Substanzen zu Tode kommt oder auch durch einen ärztlichen Kunstfehler.

Wenn sich vordergründig keine derartige Todesursache feststellen lässt, aber auch nicht ersichtlich ist, dass der Mensch eines »natürlichen Todes« gestorben ist, wie zum Beispiel nach einem schweren Krankheitsverlauf oder schlicht an »Altersschwäche«, so vermerkt der Leichenbeschauer in seinem Bericht eine »ungeklärte Todesursache«. Das ist häufig der Fall, wenn ein Mensch tot in seiner Wohnung aufgefunden wurde, ohne dass Angehörige bekannt oder zu erreichen sind, die glaubhafte und nachvollziehbare Angaben zu Erkrankungen des Verstorbenen machen könnten. Nachvollziehbar sind Angaben über Krankheiten dann, wenn behandelnde Ärzte benannt oder Hinweise auf Krankenhausaufenthalte gegeben werden, die entsprechend überprüft werden können. Ansonsten muss eine Obduktion angeordnet werden, um Aufschluss zu gewinnen. Auch beim sogenannten »plötzlichen Kindstod« lässt sich als Todesursache ein Fremdverschulden erst nach einer gerichtsmedizinischen Untersuchung ausschließen. Das Gleiche gilt für Leichen in einem fortgeschrittenen Stadium der Verwesung.

Da man die Leiche im Wald außerhalb der normalen Bürozeiten gefunden hatte, die Kollegen sich aber rückversichern wollten, verständigten sie nun also den Bereitschaftsdienstbeamten des K 12. Doch auch der erfahrene Todesermittler ging zunächst von einem Suizid aus. Bei der Obduktion am Tag darauf stellten die Rechtsmediziner allerdings fest, dass das Opfer Drosselspuren am Hals und massive Schlagverletzungen am Kopf und im Nackenbereich aufwies, die durch stumpfe Gewalt verursacht und letztlich todesursächlich waren. Erst jetzt wurde die Mordkommission informiert; sie übernahm den Fall. Mittlerweile hatte man die Identität des Toten ermitteln können. Es handelte sich um den fünfundzwanzigjährigen Achmed P., der als Metallverarbeiter in einer Firma beschäftigt war. Das Auto, in dem man ihn gefunden hatte, war auf ihn zugelassen. Zuletzt hatte er bei seiner Freundin in Schwaben gelebt. Wie sich herausstellte, hatte Achmed P. in der Türkei seine Cousine Ayshe geheiratet, war aber ohne seine Frau und das gemeinsame Kind nach München gezogen. Hier bekam er durch die Vermittlung seines Cousins und Schwagers Mustafa P. eine Anstellung in der Firma, in der auch Mustafa arbeitete.

Irgendwann lernte Achmed P. in München dann eine andere Frau kennen und zog schließlich bei ihr ein. Dies fanden die drei in München lebenden Brüder seiner türkischen Ehefrau, Mustafa, Koray und Rifat, heraus. Sie holten ihre Schwester Ayshe nach München, um den Schwager gemeinsam zur Rede zu stellen. Sie drängten Achmed, zusammen mit Ayshe eine Wohnung in München zu beziehen, die man für die beiden organisiert hatte. Reumütig kam Achmed dem Verlangen seiner Ehefrau und der Forderung seiner Schwäger nach. Doch bald schon argwöhnte die Familie seiner Frau, dass Achmed heimlich weiterhin den Kontakt zu seiner Geliebten aufrechterhielt. Ob dies allerdings tatsächlich der Grund dafür war, warum Ayshe ein halbes Jahr später in ihrer Münchner Wohnung Selbstmord beging, konnte nie geklärt werden.

Ayshes Familie war tief betroffen von ihrem Tod. Schnell wandelte sich jedoch die Trauer in Wut und Hass gegenüber Achmed, dem man die Schuld an ihrem Selbstmord gab. Bald nach deren Tod war Achmed nämlich wieder zu seiner Geliebten gezogen. Vor allem die drei in München lebenden Brüder sannen auf Rache und Vergeltung. Man bedrohte und verfolgte Achmed, aber auch seine Geliebte, sodass sich beide schließlich aus Angst vor den Brüdern versteckten. Da Achmed und sein Schwager Mustafa nach wie vor bei derselben Firma arbeiteten, hatten sie aber weiterhin Kontakt zu ihm. Schließlich verlangten sie von Achmed, er müsse als Vergeltung für Ayshes Tod seine eigene Geliebte umbringen; andernfalls werde man ihn selbst töten. Achmed fiel angesichts der massiven Bedrohungen kein anderer Ausweg ein, als zum Schein auf die Forderungen der Brüder einzugehen. So verabredete er sich mit seiner Geliebten zu einem Treffen, bei dem er sie nach dem Willen von Ayshes Angehörigen töten sollte, warnte sie aber heimlich. Die beiden vermieden fortan, sich zu sehen, aus Angst, dass man Achmed verfolgen und die Frau so aufspüren würde.

Achmed hatte den Eindruck, man glaube seinen Beteuerungen, dass er nicht wisse, warum seine Geliebte nicht zu dem Treffen erschienen war, und auch keine Ahnung habe, wo sie sich aufhalte. Diese Einschätzung Achmeds sollte sich jedoch bald darauf als ein tödlicher Irrtum erweisen.

Es war an einem kalten Tag kurz vor Weihnachten. Achmed hatte bereits gegen 16 Uhr seine Arbeit beendet, weil er noch Winterreifen für eine geplante Fahrt in seine türkische Heimat besorgen wollte. Den darauffolgenden Tag hatte er sich für weitere Urlaubsvorbereitungen freigenommen. Sein

Schwager Mustafa sagte später aus, er selbst habe erst einige Zeit nach Achmed die Firma verlassen und anschließend noch verschiedene Besorgungen für seine Frau in der Stadt gemacht. Gegen 18.30 Uhr sei er zu Hause gewesen und habe den Abend gemeinsam mit seiner Frau verbracht. Das Haus habe er bis zum nächsten Morgen nicht mehr verlassen. Diese Aussage wurde durch seine Ehefrau bestätigt.

Auch Rifat hatte ein Alibi, das nicht widerlegt werden konnte. Er gab an, auf einem Rastplatz für Fernfahrer ein paar Stunden in der Imbissbude eines türkischen Landsmanns gearbeitet zu haben. Danach habe er sich mit türkischen Lkw-Fahrern unterhalten. Gegen 20.30 Uhr oder 21 Uhr habe er den Rastplatz verlassen und sei auf direktem Weg zu einer Freundin gefahren, bei der er die restliche Nacht verbracht habe. Der Besitzer der Imbissbude könne seine Anwesenheit auf dem Rastplatz bestätigen.

Schließlich hatte auch Koray für die mutmaßliche Tatzeit ein Alibi, das ihn zumindest als direkt an der Tat Beteiligten ausschloss. Er habe am Nachmittag mit seiner Frau zusammen einen Arzttermin wahrgenommen. Unmittelbar danach seien beide nach Hause gefahren, und dort sei er bis zum nächsten Morgen auch geblieben. Seine Ehefrau bestätigte dies in ihrer Vernehmung.

Wenngleich es einen Anfangsverdacht gegen die Brüder gab, für den Mord an ihrem Cousin die Verantwortung zu tragen, ließ sich dieser aufgrund der offenbar unwiderlegbaren Alibis nicht erhärten. Als Letzter hatte ihn demnach Mustafa gesehen, von dem sich Achmed in der Firma verabschiedet hatte.

Soweit es möglich war, wurden die genannten Alibizeugen vernommen. Die Angaben bezüglich der Winterreifen und des geplanten Urlaubs bestätigten sich: Achmed hatte die Reifen montieren lassen, wie ein Blick auf sein Fahrzeug ergab.

Die Freundin Achmeds, die angeblich den Suizid Ayshes

ausgelöst hatte, schilderte die Situation, in der sie und Achmed seit den Todesdrohungen der drei Brüder gelebt hatten. Doch auch sie konnte keine stichhaltigen Beweise liefern, die die Alibis der Brüder entkräftet hätten.

So gingen zwei Jahre ins Land, ohne dass es gelungen wäre, den Anfangsverdacht gegen die Brüder zu konkretisieren oder einen anderen Tatverdächtigen auszumachen. Alle verfügbaren Spuren waren ausgewertet, alle Ermittlungsansätze ausgeschöpft. Trotz der nach wie vor nicht ausgeräumten Verdachtsmomente wurde der Vorgang schließlich zu den Akten mit ungeklärten Todesfällen gelegt.

Fünfzehn Jahre nach dem Mord an Achmed P. schickte die Staatsanwaltschaft – wie dies bei allen ungeklärten Tötungsdelikten regelmäßig geschieht (im Rahmen der sogenannten Altfallbearbeitung) – eine Anfrage, ob sich seit der letzten Überprüfung eventuell neue Ermittlungsansätze ergeben hätten. Diesmal wurde der Vorgang dem Kollegen zur Überprüfung zugeteilt, der mir an meinem ersten Arbeitstag alle notwendigen Informationen zu meinem zukünftigen Tätigkeitsbereich gegeben hatte. Und der begann, sich intensiv mit dem Fall zu befassen. Es entstanden Übersichten und Pläne, die immer größere Ausmaße annahmen und schließlich dazu führten, dass der Kollege sich das Schaubild an das Schwarze Brett in seinem Büro pinnte.

Im Laufe mehrerer Jahre vernahm er immer wieder die Zeugen von damals. Dabei bestätigten diese erneut, dass die drei Brüder den Getöteten und seine Geliebte massiv bedroht hatten. Doch trotz aller Bemühungen gelang es nicht, einen neuen Ansatz zu finden, um den Ermittlungen zu einem Durchbruch zu verhelfen.

Zweiundzwanzig Jahre waren seit dem Mord vergangen, der mir in meinen mittlerweile mehr als sieben Jahren als Leiter der Mordkommission inzwischen bestens vertraut war, als sich eines Tages die entscheidende Wende im Fall Achmed P. ankündigte. Es begann wieder einmal mit einem

Telefonanruf: Eine Kollegin der Spurensicherung teilte mit, dass man bei einer Datenbankrecherche eine Person ermittelt hatte, deren DNA-Muster exakt zu einer tatrelevanten DNA-Spur an unserem Mordopfer Achmed P. passe! Wie üblich war das DNA-Muster eines gerade verurteilten Straftäters in die Datenbank beim Bundeskriminalamt eingestellt und automatisch mit allen DNA-Spuren aus ungeklärten Straftaten verglichen worden.

Man kann sich unschwer vorstellen, welche Aktivitäten diese Mitteilung ausgelöst hat. Als Erstes wurde ein gesondertes Gutachten in Auftrag gegeben, um die Identität der DNA-Muster zweifelsfrei nachzuweisen. Und es kam zu demselben Ergebnis: Ja, die DNA-Spur am Opfer stammte von dem verurteilten Straftäter. Und dieser war uns allen kein Unbekannter – es handelte sich um Rifat P.

Jetzt galt es, den damaligen Alibigeber Rifats, den Imbissbudenbesitzer, aufzuspüren und nochmals eindringlich zu vernehmen. Es stellte sich heraus, dass der Mann längst in Rente war und in seine Heimat zurückgegangen war. Trotz diverser Schwierigkeiten gelang es meinem Kollegen schließlich, den Mann in der Türkei aufzuspüren und zu einer Zeugenvernehmung nach München zu holen. Dabei bekam das vermeintlich sichere Alibi plötzlich Risse und zerplatzte schließlich wie eine Seifenblase. Am Tattag war der zu dieser Zeit arbeitslose Rifat zwar am Fernfahrertreffpunkt gewesen, aber nur für wenige Stunden am Vormittag. Am Imbissstand hatte er nicht ausgeholfen, da war sich der Zeuge nun hundertprozentig sicher. Rifat sei irgendwann am späteren Vormittag wieder gegangen; am Nachmittag oder gar zur Tatzeit habe er Rifat definitiv nicht gesehen. Sollte er damals bei seiner Befragung das Gegenteil behauptet haben, dann tue ihm das leid. Vermutlich habe er die Polizei falsch verstanden, weil er damals noch kaum Deutsch sprechen konnte. Damit war eine erste und zugleich entscheidende Bresche in die Alibikette der drei Brüder geschlagen. Nun nahmen wir auch die beiden anderen Alibis noch einmal unter die Lupe.

Bald stand fest: Keines der damals gegebenen Alibis hatte gestimmt. Die Frauen, die sich mittlerweile längst von ihren Männern getrennt hatten, waren seinerzeit massiv dazu gedrängt worden, ihnen falsche Alibis zu verschaffen. Ihre Aufforderung hatten die Brüder sogar mit Todesdrohungen untermauert. Aus Angst logen sie und bestätigten die falschen Angaben. Seitdem hatte keine der Frauen mehr den Mut gefunden, sich der Polizei zu offenbaren. Und nun wurden auch Einzelheiten zu der Tat bekannt, die sich nach und nach wie kleine Mosaiksteinchen zusammensetzten und ein vollständiges Bild des Ablaufs ergaben. Demnach hatte einer der Brüder Achmed gebeten, bei ihm zu Hause einen Wasserhahn auszutauschen. Ein anderer hatte ihn in dessen Pkw dorthin begleitet. Arglos war Achmed dieser Bitte gefolgt, nicht ahnend, dass es seine letzte Fahrt werden sollte. Denn in der Wohnung hatte sich der dritte Bruder versteckt. Als sich Achmed über den angeblich defekten Wasserhahn beugte, erhielt er einen wuchtigen Schlag mit einem schweren Gegenstand von hinten auf den Kopf. Gleich darauf stülpten ihm die Täter eine Plastiktüte über den Kopf und klebten diese am Hals zu. Dann schafften sie Achmeds Leiche in einem großen Karton aus dem Haus und legten sie auf den Rücksitz seines Wagens. Einer der Brüder fuhr das Fahrzeug in den Wald, wo es kurze Zeit später aufgefunden wurde; anschließend stieg er ins Auto seiner Brüder, die in der Nähe warteten. Warum man den Toten aus dem Karton geholt hatte und auf die Rückbank setzte, ließ sich nicht klären, da die Täter schwiegen.

Als die drei Täter schließlich in einer zeitgleichen Aktion festgenommen wurden, schwiegen sie beharrlich. Aber auch ohne ihre Geständnisse hatte das Schwurgericht nicht den geringsten Zweifel an der Schuld der drei Brüder.

Dass dieser Fall geklärt werden konnte, ist in erster

Linie natürlich den Errungenschaften der modernen DNA-Technik zu verdanken, deren unbestechliche und objektive Ergebnisse den alles entscheidenden Hinweis auf Rifat als Täter erbrachten; doch auch die Hartnäckigkeit und das Geschick meines Kollegen hat ganz maßgeblich dazu beigetragen.

Das Urteil aber hat einmal mehr deutlich gemacht, dass es für Selbstjustiz in unserem Land keinen Platz geben kann. Gegen alle drei Brüder verhängte das Schwurgericht die Höchststrafe: eine lebenslange Freiheitsstrafe wegen Mordes.

Zeugen – ein sensibles Beweismittel

Grundsätzlich empfängt jeder Mensch zu jeder Zeit und bei jeder Gelegenheit Eindrücke unterschiedlichster Art: So nimmt man fast ununterbrochen optische Signale, Gerüche, Lichtverhältnisse, Geräusche, Berührungen oder andere Empfindungen wahr. Ein Autofahrer etwa macht zigtausendfach bewusste und unbewusste Beobachtungen, während er unterwegs ist. Diese Momentaufnahmen – zum Teil nur im Mikrosekundenbereich – betreffen sowohl die Fahrbahn und das eigene Fahrverhalten als auch überholende, vorausfahrende, entgegenkommende oder stehende Fahrzeuge; aber auch Wetterphänomene nehmen seine Aufmerksamkeit in Anspruch, Radiosendungen, Telefonanrufe, Gespräche mit Beifahrern und vor allem auch die vielen optischen Reize entlang der Fahrtstrecke. Nur ein winziger, verschwindend kleiner Bruchteil all dieser Eindrücke wird überhaupt bewusst registriert; vorzugsweise wird herausgefiltert, was unmittelbar Einfluss auf das Fahrverhalten hat (Bremsen, Lenken, Schalten, Beachtung von Warnlampen am Armaturenbrett u. a.). Im Normalfall kommt diesen Dingen aber keinerlei Bedeutung über den Augenblick hinaus zu.

Sollte sich jedoch während der Fahrt ein Unfall ereignen, wird das zuletzt Wahrgenommene plötzlich bedeutsam: Hat der Vordermann geblinkt? Wie schnell ist man selbst zum Zeitpunkt des Geschehens gefahren? Hat man das Kennzeichen, den Fahrzeugtyp, die Farbe eines Autos in Erinnerung, dessen Fahrer Unfallflucht beging? Wie groß war jeweils der Abstand der beteiligten Fahrzeuge zueinander und wie waren die Witterungs- oder die Beleuchtungsverhältnisse zum Unfallzeitpunkt? Welches Fahrverhalten hat zu dem Unfall geführt? Diese Liste ließe sich beliebig erweitern. Ereignet sich ein Unfall, wird man ungewollt und automatisch zu einem Zeugen in einem Ermittlungsverfahren. Nun können diese Wahrnehmungen darauf Einfluss haben, ob ein Beteiligter wegen einer Straftat (Straßenverkehrsgefährdung, Trunkenheitsfahrt, Nötigung, fahrlässige Körperverletzung) verurteilt wird. Die Beobachtungen sind aber auch für die Frage bedeutsam, wer für einen Schaden aufzukommen hat. Hat der Autofahrer vor dem Zusammenstoß konzentriert auf den Verkehr geachtet, saß er entspannt oder nervös am Steuer? War er abgelenkt (rauchen, sprechen mit Beifahrern, telefonieren, essen am Steuer)? Wie war sein Gesamtbefinden? Auf diese Fragen kommt es entscheidend an.

Und selbst in scheinbar ereignislosen Phasen macht man dennoch ständig die unterschiedlichsten Wahrnehmungen. Kann beispielsweise ein Patient im Krankenhaus nachts nicht schlafen, wird er trotzdem beiläufig registrieren, dass in der Zeit zwischen zwei und vier Uhr keine Krankenschwester in seinem Zimmer war, um nach ihm zu schauen. Dies ist bedeutungslos, wenn eine Betreuung in dieser Zeit nicht erforderlich ist. Hätte die Schwester jedoch nach dem Patienten sehen müssen (etwa, um ihn umzulagern, ein Medikament zu verabreichen, Fieber zu messen, den Verband zu wechseln), und er erleidet deswegen einen gesundheitlichen Schaden, so wird seine Beobachtung bedeutsam. Dann geht es um die Frage, ob eine Pflichtverletzung vorliegt. Und der Patient wird zu einem Zeugen in einem Schadenersatzverfahren oder gar in einem Strafverfahren (Körperverletzung u.a.), ohne dass ihm dies zum Zeitpunkt seiner Wahrnehmung bewusst war.

Wer das Alibi einer anderen Person bestätigen oder entkräften kann, ist ein sogenannter Alibizeuge (»Herr M. war zu dem genannten Zeitpunkt mit mir zusammen im Kino ...« oder: »Die Behauptung von Frau Z., dass sie zu dem genannten Zeitpunkt mit mir Kaffee getrunken hat, ist unrichtig; ich habe Frau Z. schon seit mehreren Monaten nicht mehr gesehen.«).

Wer von einer anderen Person etwas hört, was für ein Ermittlungsverfahren von Bedeutung sein kann, ist Zeuge vom Hörensagen. Der Beweiswert solcher Aussagen ist naturgemäß dann sehr gering, wenn die Person, die dem Zeugen gegenüber Angaben gemacht hat, nicht bekannt oder nicht zu ermitteln ist.

Um als Zeuge in Betracht zu kommen, gibt es nur zwei Bedingungen: zum einen die Fähigkeit, sinnliche Eindrücke (sehen, hören, riechen, fühlen, schmecken) bewusst wahrnehmen und diese zum anderen in einer eindeutigen Weise wiedergeben zu können (durch Sprechen, Schreiben, Deuten oder andere körperliche Reaktionen). Abstriche wird man machen müssen, wenn sich die potenziellen Zeugen aufgrund spezifischer Einschränkungen nicht entsprechend artikulieren können. So ist beispielsweise ein Säugling durchaus in der Lage, Kälte, Hitze, Schmerzen, Angst, Lärm, Hunger oder auch die Abwesenheit seiner Mama als unangenehm zu empfinden, nicht aber, sich hinreichend genau zu äußern, was im konkreten Fall der Grund seines Schreiens ist. Der Anlass für seine Unmutsäußerung ist daher interpretierbar und für eine sichere Bewertung des zugrunde liegenden Sachverhaltes nicht oder allenfalls sehr eingeschränkt geeignet. Gleiches gilt, wenn der Zeuge aufgrund einer Geisteskrankheit Sinneswahrnehmungen entweder nicht begreifen oder erlebte Wahrnehmungen nicht in nachvollziehbarer Weise wiedergeben kann.

Wie eingangs erwähnt, ist man im wachen Zustand praktisch ununterbrochen Zeuge von Ereignissen oder Gegebenheiten, auch wenn diese so normal oder unbedeutend sind, dass man sie weder als auffällig noch als besonders bemerkenswert empfindet. Ja, mitunter registriert man erst eine Veränderung. So fällt der Verkehrslärm dem Anwohner einer Hauptstraße in der Regel dann auf, wenn er plötzlich ausbleibt (z. B. wegen einer Straßensperre nach einem Unfall).

Bei Ermittlungen ist Folgendes zu bedenken: Jeder Mensch – abhängig von Herkunft, Erziehung, Bildung, individuellen Interessen und Neigungen – nimmt Dinge mit seiner eigenen, persönlichen Gewichtung und Aufmerksamkeit wahr und speichert sie dementsprechend in seinem Gedächtnis mehr oder weniger intensiv ab. Der Priester wird einem Fremden, der ihn nach dem Weg fragt, die aus seiner Sicht einprägsamen Wegmarken als Orientierungshilfen nennen, so etwa eine Kirche, den Friedhof, einen Kindergarten oder ein Wegkreuz; der Einbrecher wird für die Beschreibung derselben Wegstrecke dagegen die Bank, das Juweliergeschäft an der Ecke oder die Polizeistation als besonders markant empfinden und demgemäß auch in seine Wegbeschreibung einfließen lassen.

Das Wahrnehmungsvermögen ist darüber hinaus auch abhängig von der körperlichen Verfassung des Beobachters. Medikamente, Alkohol oder Betäubungsmittel können die Wahrnehmung verzerren, auch Müdigkeit, Trauer oder Krankheit können sich negativ auswirken. Der Grad an Intelligenz kann gleichfalls Einfluss haben, beispielsweise dann, wenn man aus einzelnen Beobachtungen frühzeitig eine mögliche Schlussfolgerung zieht und entsprechend aufmerksam beobachtet. Weiter spielt die Merk- und Konzentrationsfähigkeit eine Rolle; viele Menschen haben auch schon in jungen Jahren Probleme damit, sich z. B. Autokennzeichen, Namen oder Gesichter einzuprägen.

Mitunter kann es problematisch sein, wenn der Beobachter über einen großen, einschlägigen Erfahrungsschatz oder über eine ausgeprägte Phantasie verfügt. Das menschliche Gehirn neigt nämlich dazu, Teile von Sätzen, aber auch von Handlungsabläufen zu vervollständigen, wenn einzelne Elemente des Gehörten oder Gesehenen nicht wahrnehmbar waren. So kann es sein, dass in der Erinnerung solche »Ergänzungen« schließlich als reales Geschehen abgespeichert und dann bei einer Vernehmung als Tatsache wiedergegeben werden.

Als eindrucksvolles Beispiel hierfür sei ein wissenschaftliches Experiment genannt, bei dem zehn Studentinnen und Studenten eine kurze Filmsequenz über unbekannte Lichterscheinungen am nächtlichen Himmel vorgeführt wurde. Mehrere unscharf erkennbare Lichtpunkte bewegten sich gleichmäßig und parallel zueinander in Richtung des Betrachters, ehe sie mit scheinbar großer Geschwindigkeit nach oben verschwanden.

Nach dem Ende des Films wurde den Probanden mitgeteilt, man könne nicht ausschließen, dass es sich um Ufos gehandelt hatte. Zugleich bat man die Studenten einzeln, das im Film Gesehene in einer Zeichnung wiederzugeben.

Einige Testpersonen stellten mehr oder weniger detailgetreu ovale »fliegende Untertassen« dar, mit Luken, Antennen und anderen Einzelheiten, während andere nur vage ein paar Punkte skizzierten. Wie sich zeigte, hatten Erstere sich schon immer für Ufos interessiert; sie waren überzeugt davon, dass es außerirdisches Leben gibt. Ihre Phantasie und die Beschäftigung mit der Thematik hatten ihnen vorgegaukelt, dass die leuchtenden Punkte am Nachthimmel die Scheinwerfer einer fliegenden Untertasse waren und dementsprechend hatten sie aus Berichten und Geschichten, die sie kannten, unbewusst verschiedene Elemente übernommen und mit dem tatsächlich Gesehenen vermischt. Sie waren zutiefst davon überzeugt, genau diese Details wahrgenommen zu haben.

Das kann natürlich in allen Lebensbereichen zutreffen. Daher ist man gut beraten, wenn man – zumindest bei entscheidenden Zeugenvernehmungen – immer auch auf die Person des Zeugen eingeht, um so Anhaltspunkte für die Glaubwürdigkeit und Schlüssigkeit einer Aussage zu erhalten.

Nicht außer Acht lassen darf man als Ermittler zudem die Möglichkeit, dass ein Zeuge – um eigene Interessen durchzusetzen, eine ihm nahestehende Person zu begünstigen oder, im Gegenteil, um eine ihm missliebige Person zu schädigen – auch ganz bewusst die Unwahrheit sagen könnte.

Eine Zeugenvernehmung ist kriminalistisch gesehen ein sogenannter Personenbeweis. Im Idealfall existieren neben einer Zeugenaussage auch objektive Beweismittel wie Fingerabdrücke, DNA-Spuren, Dokumente, Film- oder Fotomaterial, Daten oder Gegenstände oder es ergeben sich aus der Befragung Hinweise auf diese. Oft liegt in der Anfangsphase einer Ermittlung nur die Aussage eines Zeugen vor und dient dann als Grundlage für die ersten Maßnahmen der Polizei. Um einzuschätzen, wie bedeutsam eine Aussage ist, kann es zweckmäßig sein, die Angaben auf örtliche Gegebenheiten und zeitliche Faktoren hin zu überprüfen: Konnte der Zeuge von seinem Standort aus überhaupt den Ort des Geschehens einsehen? Sind die angegebenen Entfernungen zutreffend? Stimmt die Beschreibung der Örtlichkeit?

Grundsätzlich gilt dabei, dass es *keine* rechtliche Verpflichtung für Zeugen gibt, bei der Polizei auszusagen oder einer polizeilichen Ladung zur Zeugenvernehmung Folge zu leisten. Es besteht aber die Möglichkeit, den Zeugen durch die Staatsanwaltschaft laden zu lassen. Dem muss der Zeuge nachkommen. Dabei kann er entweder zur Staatsanwaltschaft – was die Ausnahme ist – oder in die Dienststelle des polizeilichen Sachbearbeiters geladen werden. Allerdings hat der Zeuge nun Anspruch auf eine Belehrung über seine Rechte und Pflichten durch die Staatsanwaltschaft, und dass diese an der Vernehmung maßgeblich beteiligt ist. In besonderen Eilfällen kann die Ladung ohne Frist erstellt werden, sodass der Zeuge verpflichtet ist, »alles liegen und stehen zu lassen« und ihr sofort Folge zu leisten. Sollte ein triftiger Grund dagegensprechen, so hat der Zeuge der Staatsanwaltschaft dies umgehend mitzuteilen. Die Staatsanwaltschaft entscheidet dann, ob der vorgebrachte Grund so schwerwiegend ist, dass die Verpflichtung zum sofortigen Erscheinen aufgehoben wird. Weigert sich der Zeuge jedoch ohne triftigen Grund, der Ladung zu folgen, kann die Staatsanwaltschaft notfalls auch die zwangsweise sofortige Vorführung des Zeugen durch die Polizei anordnen.

Zeugen müssen über den Sachverhalt, zu dem sie vernommen werden sollen, zumindest in groben Zügen vorab informiert werden. Dabei sind ihnen die Personalien der Personen mitzuteilen, gegen die sich die Ermittlungen richten, und es ist abzuklären, ob der Zeuge in einem Verwandtschaftsverhältnis zu einem der Beschuldigten steht, aus dem sich für ihn ein Zeugnisverweigerungsrecht ergeben könnte. Ein solches gilt auch für Ärzte, Seelsorger oder Anwälte bzw. wenn es um die Wahrung von Dienstgeheimnissen geht, soweit dies in einem Gesetz geregelt ist. Zeugen sind ferner darüber zu belehren, dass sie wahrheitsgemäß aussagen müssen, nichts verschweigen und nichts hinzufügen dürfen. Darüber hinaus sind Zeugen – wenn dies der Sachverhalt nahelegt – auf das Aussageverweigerungsrecht hinzuweisen: Besteht die Gefahr, dass gegen sie selbst oder einen Angehörigen ein Ermittlungsverfahren eingeleitet wird, brauchen sie auf Fragen nicht zu antworten.

Die Vernehmung kann theoretisch an jedem beliebigen Ort durchgeführt werden (Ereignisort, Arbeitsstelle oder Wohnung des Zeugen, Dienststelle des Vernehmungsbeamten, konspirativer Treffpunkt mit vertraulichen Informanten). Sie soll nach Möglichkeit schriftlich festgehalten werden; aber auch die Aufzeichnung auf Tonband entspricht gängiger Praxis, sofern eine Einverständniserklärung des Zeugen vorliegt. Anschließend muss die aufgenommene Aussage eins zu eins in ein schriftliches Protokoll übertragen und entsprechend dokumentiert werden.

Von der Vernehmung abzugrenzen ist die bloße Befragung zur Informationsgewinnung (»Kennen Sie jemanden in der Siedlung, der einen Motorroller fährt?«; »Haben Sie im letzten Monat gelegentlich nach 22 Uhr in Ihrem Jagdrevier geschossen?«; »Mit welchen öffentlichen Verkehrsmitteln kann man von hier aus die Ortschaft XY erreichen?«; »Wann schließt Ihre Gaststätte abends?«). Wird eine bloße Befragung zur förmlichen Zeugenvernehmung, so ist diese Teil einer hoheitlichen Ermittlung und damit eine strafprozessuale Maßnahme. Sie unterliegt daher den Bestimmungen der Strafprozessordnung.

In besonderen Fällen kann eine richterliche Vernehmung von Zeugen sinnvoll sein, so etwa bei Kindern oder Angehörigen eines Beschuldigten, die trotz ihres Zeugnisverweigerungsrechtes aussagebereit sind. Dies ist für ein Verfahren insofern relevant, als der Zeuge zwar jederzeit von seinem Aussageverweigerungsrecht Gebrauch machen bzw. seine Aussage später widerrufen darf, der vernehmende Richter als Zeuge vom Hörensagen diese aber in das Verfahren einbringen kann. Eine richterliche Vernehmung kommt auch in Betracht, wenn zu erwarten ist, dass der Zeuge für das spätere Gerichtsverfahren nicht mehr zur Verfügung steht: etwa weil er schwerverletzt ist und akute Lebensgefahr besteht; weil er hochbetagt ist und man mit seinem Ableben rechnen muss; oder wenn abzusehen ist, dass er noch vor dem Beginn der Verhandlung sich dauerhaft im Ausland aufhalten wird.

Sobald sich hinreichend konkrete Anhaltspunkte dafür ergeben, dass jemand nicht nur Zeuge eines Geschehens ist, sondern möglicherweise in irgendeiner strafrechtlich relevanten Art an diesem beteiligt war, ist die Zeugenvernehmung sofort abzubrechen. Nach einer entsprechenden Belehrung kann die Person dann als Beschuldigter vernommen werden. Besteht dagegen ein vager, aber zunächst nicht weiter konkretisierbarer Anfangsverdacht gegen den Zeugen, so wird dieser nach § 55 StPO über sein Aussageverweigerungsrecht belehrt und dann weiterhin als Zeuge vernommen.

Als Faustregel gilt: Je wichtiger die Wahrnehmung eines Zeugen zu sein scheint, umso sorgfältiger und genauer muss die Vernehmung erfolgen. Der Zeuge kann um eine zusammenhängende Schilderung gebeten werden (»Erzählen Sie mit Ihren Worten der Reihe nach, was Sie gestern beobachtet haben!«) oder die Vernehmung erfolgt in Form von Frage und Antwort:

Wo sind Sie gestanden, als Sie die Schreie hörten?
Ich war auf meinem Balkon.
In welchem Stockwerk liegt Ihre Wohnung?
Im dritten Stock.
Wie spät war es, als Sie die Schreie gehört haben?
Es war 23.05 Uhr.
Woher wissen Sie die genaue Uhrzeit?
Ich habe sofort auf meine Armbanduhr geschaut, weil ich dachte, das könnte wichtig sein.
(Anmerkung: Bei einem Uhrenvergleich wird festgestellt, dass die Uhr des Zeugen die exakte Uhrzeit anzeigt.)
usw.

Zeugen sollten darauf hingewiesen werden, dass sie auch bei der späteren Gerichtsverhandlung geladen werden können. Daher wird man sie bitten, einen Wohnungswechsel oder einen längeren Auslandsaufenthalt mitzuteilen.

Generell sind Zeugenaussagen ein außerordentlich wichtiger und unverzichtbarer Bestandteil bei der Ermittlung und Aufklärung von Straftaten. Allerdings zeigt die Praxis immer wieder, dass Zeugen nicht immer zuverlässig die tatsächlichen Geschehnisse wiedergeben. Daher ist man als Ermittler stets bestrebt, bedeutsame Wahrnehmungen möglichst durch die Aussagen weiterer Zeugen bestätigen zu lassen und durch Sachbeweise, wie etwa Videoaufzeichnungen, Spurensicherungsmaßnahmen oder die Sicherstellung von tatrelevanten Gegenständen beim Tatverdächtigen, zu untermauern.

Warum Zeugen einen Sachverhalt verzerrt oder komplett falsch darstellen können, wurde schon erläutert. Trotzdem ist es wichtig, jedem Zeugen zunächst unbefangen und neutral gegenüberzutreten und ihm diesen Eindruck auch zu vermitteln. Denn nichts wäre fataler, als einen Zeugen von vornherein als unglaubwürdig zu behandeln, nur weil er zum Beispiel infolge seiner Aufregung während der Vernehmung oder wegen persönlicher Defizite bei der Wahrnehmung eines Ereignisses oder bei der Schilderung seiner Beobachtungen Unsicherheiten oder Unstimmigkeiten erkennen lässt. Sollte sich jemand tatsächlich geirrt haben, ohne einen Vorsatz erkennen zu lassen, kann man ihm daraus keinen Vorwurf machen. Bemerkt ein Zeuge jedoch seinen Irrtum, ohne diesen dann zu berichtigen, kann er sich sehr leicht selbst strafbar machen, etwa wegen Strafvereitelung oder falscher Verdächtigung.

Eines darf man bei dieser Thematik jedoch nie vergessen: Jeder kann jederzeit selbst Opfer einer Straftat werden oder sich unversehens im Fadenkreuz von Ermittlungen wiederfinden – und dann entscheidend auf die Aussage neutraler und objektiver Zeugen angewiesen sein! Deshalb sollte man, wann immer es nötig ist, Geschädigten und den Strafverfolgungsbehörden als Zeuge zur Verfügung stehen.

Hinrichtung im Morgengrauen

Kalendarisch näherte sich der Winter seinem Ende, und wenn es nach mir gegangen wäre, hätte der Schnee schon längst dem ersten Grün Platz machen können. Stattdessen schneite es an diesem Samstag seit Stunden ohne Unterbrechung und die Straßen in der Landeshauptstadt waren unter einer schmutzig grauen Matschschicht verschwunden. Seit fünf Tagen versuchten meine Kommission und ich, einen kniffligen Entführungsfall zu lösen. Ein Mann war nachts von mehreren maskierten und mit Pistolen bewaffneten Männern aus einer Wohnung in einem noblen Viertel im Münchner Süden entführt und angeblich noch in derselben Nacht ins Ausland verbracht worden. Den Wohnungseigentümer, Norman V., hielten zwei der Täter mehr als dreißig Stunden lang nackt und gefesselt in seiner Wohnung fest; außerdem zwangen sie ihn durch die Drohung, seinen entführten Gast zu töten, zur Bezahlung einer nicht unerheblichen Lösegeldsumme. Schließlich ließen die Täter den Überfallenen frei, drohten aber weiter mit der Ermordung der Geisel, sollte er neuerlichen Geldforderungen nicht nachkommen. In seiner Not hatte sich der Erpresste über Umwege dann an uns gewandt.

Es war uns rasch gelungen nachzuweisen, dass der angeblich Entführte in Wahrheit der Drahtzieher der Aktion war, der von dem nicht unvermögenden Norman V. eine erkleckliche Summe erpressen wollte. Nun ging es darum, die Ganoven in Sicherheit zu wiegen, um sie nach Deutschland und in eine Falle zu locken.

Gerade saßen wir mit Norman V. zur Abstimmung unseres weiteren Vorgehens in meinem Büro, als das Bereitschaftshandy klingelte. Einer der beiden Kollegen, die mit mir in dieser Woche Mordbereitschaft hatten, rief an und berichtete von einem Tötungsdelikt im Münchner Norden. Der achtzehnjährige Deniz P. hatte seine Mutter regungslos und mit schweren Verletzungen in einer Blutlache liegend in der Waschküche aufgefunden. Der von ihm sofort alarmierte Notarzt versuchte alles, um das Leben der Frau zu retten. Doch sie starb, kurz nachdem sie in ein nahegelegenes Krankenhaus eingeliefert worden war, ohne das Bewusstsein wiedererlangt zu haben. Laut der ersten Diagnose der behandelnden Ärzte war Hatice P. durch mehrere Schüsse in den Hinterkopf und den Rücken getötet worden. Am Tatort im Keller der Wohnanlage fand man mehrere Patronenhülsen.

Der Junge und sein Vater, den Deniz per Handy verständigt hatte und der sofort von seiner Arbeitsstelle nach Hause gefahren war, wurden durch einen Angehörigen des KIT, des Kriseninterventionsteams, am Tatort betreut; die drei jüngeren Kinder der Getöteten waren in der Obhut einer Nachbarsfamilie.

Mit der Mordbereitschaft des Erkennungsdienstes und dem diensthabenden Kapitalstaatsanwalt vereinbarte ich ein Treffen am Tatort. Mein Dezernatsleiter und mein Kommissariatsleiter sagten spontan zu, mich in der Dienststelle abzulösen und die Gespräche mit Norman V. in unserem Entführungsfall zu übernehmen. Es ging darum, sein Einverständnis für die von uns geplanten Maßnahmen einzuholen.

Über den Kriminaldauerdienst veranlasste ich die Beschlagnahme der Leiche und deren Überführung zum Institut für Rechtsmedizin, wo sie am Nachmittag obduziert werden sollte. Anschließend rief ich die Kollegin der Tagesbereitschaft des Erkennungsdienstes an und regte verschiedene spurentechnische Sofortmaßnahmen an, die sie jedoch allesamt bereits durchgeführt oder veranlasst hatte, wie ich zu hören bekam. Das erstaunte mich nicht. Natürlich wusste ich aus zig anderen Einsätzen, dass unsere Erkennungsdienstler Vollprofis sind, und doch war es meine Aufgabe, diese Fragen anzusprechen. Ich erfuhr, dass mindestens vier Schüsse auf das Opfer abgefeuert worden waren, wenn man von der Zahl der bislang aufgefundenen leeren Patronenhülsen ausging.

Als der Dezernatsleiter als »Ablösung« eintraf, machte ich mich auf den Weg. Die schneeglatten Straßen erforderten meine ganze Aufmerksamkeit, da die Autofahrer vor mir immer wieder abenteuerliche Ausweichmanöver veranstalteten, sobald sie mein Blaulicht oder das Martinshorn bemerkten. Vor Ort sah ich gleich die rot-weißen Flatterleinen, mit denen die uniformierten Beamten den Tatort weiträumig abgesperrt hatten. Als Nächstes stach mir eine Gruppe von etwa einem Dutzend Personen ins Auge, die in warme Jacken eingemummelt und mit einer Schneeschicht bedeckt an einer der Absperrleinen ausharrten. An ihren Kameras und den aufgestellten Stativen waren sie unschwer als Pressevertreter auszumachen. Beim Näherkommen erkannten mich mehrere der Reporter und versuchten sofort, von mir Informationen über das Geschehen zu erhalten. Allerdings gestanden sie mir zu, dass ich – gerade erst angekommen – noch nichts Konkretes wissen konnte, und gaben sich mit der Auskunft zufrieden, dass ein Vertreter unserer Pressestelle ebenfalls auf dem Weg zum Tatort sei. Der würde ihnen zu gegebener Zeit Rede und Antwort stehen.

Danach begab ich mich zu einer Gruppe von Polizeibeamten, die unter einem kleinen Vordach Schutz vor dem Schneefall gefunden hatte. Dabei überlegte ich, wie es sein konnte, dass all diese Reporter offenbar schon seit geraumer Zeit am Tatort verweilten und auf irgendwelche spektakulären Bilder oder Statements warteten, während sich der Leiter der Mordkommission noch mühsam mit Blaulicht und Sirene den Weg zum Tatort bahnte. Da hatte unsere Pressestelle offensichtlich wieder einmal ganze Arbeit geleistet ...

Anhand seiner goldenen Sterne auf den Schulterklappen war der leitende Beamte unschwer zu erkennen, er unterrichtete mich über den Stand der Ermittlungen. Deniz P., so erfuhr ich von ihm, hatte um 10.25 Uhr den Notruf der Feuerwehr gewählt. Kurz danach erreichten die erste Krankenwagenbesatzung und gleich darauf auch das Notarztteam den Einsatzort. Obwohl das Opfer keinerlei Vitalreaktionen mehr zeigte, wurde die Schwerstverletzte unter laufenden Reanimationsmaßnahmen in eine Klinik eingeliefert. Doch alle Rettungsbemühungen blieben erfolglos.

Deniz P. hatte eine Nachbarsfamilie um Hilfe gebeten, dort waren seine drei jüngeren Geschwister untergekommen. Bis jetzt hatte noch niemand den Kindern die schreckliche Wahrheit gesagt. Sie hatten die Aufregung zwar mitbekommen, aber auf ihre beunruhigten Fragen nur ausweichende Antworten erhalten. Ich zwang mich dazu, die Gedanken daran zu verdrängen, wie die Kinder reagieren würden, sobald sie vom Tod ihrer Mutter erfuhren.

Deniz P. hatte den Erstzugriffsbeamten den Vorfall wie folgt geschildert: Am Morgen hatte er nach dem Aufwachen verwundert festgestellt, dass seine Mutter nicht in der Wohnung war. Von den Geschwistern erfuhr er, dass sie im Keller Wäsche wusch. Er ging ins Bad, duschte, doch danach war seine Mutter immer noch nicht zurück. Also zog er sich an und ging in den Keller, um nach dem Grund der langen Abwesenheit zu forschen. Die Tür zur Waschküche war verschlossen, was ihn beunruhigte. Nachdem auf sein wiederholtes Rufen und Klopfen keinerlei Reaktion erfolgte, trat er die Tür auf und fand seine Mutter leblos vor. Weil sie weder auf seine Versuche sie wachzurütteln noch auf seine Ansprache reagierte, wählte er auf seinem Handy die 112. Noch während er zu einem Nachbarn lief, um diesen zu bitten, ihm bei der Versorgung seiner Mutter zu helfen, informierte er schnell seinen Vater.

Deniz hatte den Beamten weiter berichtet, dass sein Vater etwa fünfzehn Minuten später mit einem Taxi eingetroffen war.

Diese letzte Angabe bestätigte auch der Außendienstleiter des für den Tatort zuständigen Polizeiabschnitts, der mit als Erster den Tatort erreicht und die Absperr- und ersten Fahndungsmaßnahmen veranlasst hatte. Kollegen hatten ihm erzählt, dass der Ehemann der Getöteten, Dursun P., bei seiner Ankunft mehrfach und ungefragt erwähnt hatte, dass er mit dem Taxi geradewegs aus der Arbeit gekommen sei. Dazu zeigte er jedes Mal die Taxiquittung vor. Dieses Verhalten war in der Tat ungewöhnlich. Ein Familienvater, der gerade erfahren hat, dass seine Frau schwer verletzt oder womöglich bereits tot im Keller liegt, hat andere Sorgen, als eine Taxiquittung vorzuweisen. Dennoch mussten wir uns vor vorschnellen Rückschlüssen und unbedachten Reaktionen hüten: Zu oft schon hatte ich erlebt, dass traumatisierte Menschen völlig irrational reagieren.

Spontan erinnerte ich mich an den Fall einer betagten Seniorin, der wir in den frühen Morgenstunden die Nachricht von der Ermordung ihrer letzten noch lebenden Schwester hatten überbringen müssen. Die Dame schien völlig ungerührt von unserer Hiobsbotschaft zu sein. Statt in Tränen und Verzweiflung auszubrechen, bot sie uns Kaffee an: »Das tut mir leid, dass Sie wegen meiner Schwester so früh aufstehen mussten. Sie haben sicher noch nichts gefrühstückt. Möchten Sie vielleicht eine Tasse Kaffee?« Wir lehnten dankend ab und unternahmen einen neuen Versuch, ihr die schreckliche Wahrheit so schonend wie möglich beizubringen. Nun aber bestand die Dame darauf, uns für unsere Mühe wenigstens 50 Euro zu geben. Das sei nur gerecht. Es sei ihr bewusst, dass die Polizei nicht umsonst arbeiten könne. Nur mit größter Mühe konnten wir die Dame davon überzeugen, dass sie nichts bezahlen müsse. Und es dauerte geraume Zeit, bis die Frau anfing, den Sinn unserer Worte und den Grund unseres Besuches zu begreifen. Schließlich brach sie schluchzend zusammen.

Im vorliegenden Fall würden wir allerdings genau nachforschen, warum Dursun P. so auffällig auf seine Fahrt mit dem Taxi hinwies. Aus diesem Grund bat ich zwei Besatzungen der Einsatzhundertschaft, Deniz und Dursun P. getrennt voneinander zu unserer Dienststelle zu fahren. Vielleicht konnten sie uns irgendeinen Hinweis, irgendeinen Ermittlungsansatz liefern, der es uns ermöglichen würde, die Spur zu Hatices Mörder aufzunehmen. Ein genaues Bild von der Art der Verletzungen und der Todesursache würden wir nach der Obduktion am Nachmittag erhalten.

Keine zehn Minuten später rief mich der Zugführer der Einsatzhundertschaft an. Was ich zu hören bekam, machte mich sofort stutzig. Einer seiner Beamten hatte ihm berichtet, dass Dursun P. sich bei ihm indirekt beschwert hatte, bis jetzt noch gar nicht richtig befragt worden zu sein. Auf die Erwiderung des Kollegen, dass man ihn doch gerade zur Vernehmung zur Mordkommission bringe, reagierte Dursun P. völlig unerwartet. Er erklärte nämlich den verdutzten Kollegen, dass er in der Nähe des Tatortes eine Waffe in einen Glascontainer geworfen habe. Die Waffe habe er vor etwa einem Jahr in Bosnien zum Preis von 50 Euro gekauft. Ohne zunächst weiter nach dem Hintergrund für diese sonderbare Erklärung zu forschen, ließen sich die Beamten von Dursun P. zu dem Glascontainer führen. Tatsächlich konnte man durch die Einwurföffnung am Grund des fast leeren Containers eine Plastiktüte erkennen, in die ein länglicher Gegenstand verpackt zu sein schien.

Daraus ergab sich der dringende Verdacht, dass Dursun P. mit dem Tod seiner Frau etwas zu tun hatte. Daher ließ ich den Beamten des Transportkommandos übermitteln, Dursun P. vorläufig festzunehmen und wegen des Verdachts, seine Frau getötet zu haben, als Beschuldigten zu belehren. Gleich danach machte ich mich mit meinen beiden Kollegen und einem Beamten der Spurensicherung auf den Weg zu dem Glascontainer. Die Entfernung dorthin betrug nur einige hundert Meter, und als wir aus den Fahrzeugen stiegen, kam uns der Gruppenführer des Transportkommandos schon aufgeregt entgegen. »Der Ehemann des Opfers hat gerade ausgesagt, dass in der Tüte eine Maschinenpistole liegt. Er glaubt, dass die nicht gesichert ist und noch Patronen in der Waffe sind. Wir sollen vorsichtig sein!« Eine Maschinenpistole! Das war in unserem Dienstbereich nicht gerade die Standardwaffe bei Tötungsdelikten. Ich erkundigte mich bei dem Kollegen, ob man Dursun P. entsprechend über seine Rechte belehrt habe, was er bestätigte.

Dursun P. saß mit gefesselten Händen auf der Rückbank des VW-Busses der Einsatzhundertschaft. Da wir bereits am Tatort kurz miteinander gesprochen hatten, erübrigte es sich, mich vorzustellen. Ich nahm ihm gegenüber auf der mittleren Sitzbank Platz. »Sie haben angegeben, dass Sie nach dem Mord an Ihrer Ehefrau eine Waffe, eine Maschinenpistole, in diesen Glascontainer geworfen haben. Wollen Sie damit sagen, dass diese Waffe etwas mit dem Mord an Ihrer Ehefrau zu tun hat?« Seine Antwort kam leise, aber doch fest und bestimmt. »Ja, die Waffe hat etwas mit der Tat zu tun!« Ich bohrte nach: »Heißt das auch, dass Sie mit der Tat etwas zu tun haben? Dass Sie sie – getötet haben?« Ich hielt unwillkürlich für einen Moment den Atem an, als Dursun P. antwortete: »Ja. Das war ich! Aber ich sage gleich, dass ich die Sache ganz allein gemacht habe, niemand sonst hat etwas damit zu tun!« Ich war überrascht. Dass dieser Fall so schnell vor seiner Aufklärung stehen würde, hatte ich nicht erwartet. Ich war zuversichtlich, dass jetzt auch die Sache mit dem auffälligen Vorzeigen der Taxiquittung eine Erklärung finden würde.

Obwohl mich die Frage nach den Gründen für die Tat und vor allem auch für dieses schnelle Geständnis brennend interessierte, galt es jetzt doch vordringlich, die mutmaßliche Tatwaffe zu sichern. Ich veranlasste, den nunmehr Beschuldigten zunächst zur Blutentnahme zu fahren und ihm Ersatzkleidung zu besorgen. Die Kleidung, die er anhatte, kam als Spurenträger in Betracht und musste deshalb für die kriminaltechnische Untersuchung sichergestellt werden. Bevor Dursun P. weggebracht wurde, sicherte der Kollege vom Erkennungsdienst noch die Spuren an seinen Händen. Insbesondere wurden sie mit einem Spezialmittel abgerieben, mit dem man Schmauchspuren feststellen kann, die sich üblicherweise nach dem Abschießen von Patronenmunition an den Händen festsetzen.

Nachdem der Kollege des Erkennungsdienstes die Lage der Tüte in dem Glascontainer fotografiert hatte, näherte er sich vorsichtig der Einwurföffnung. Er musste vermeiden, mögliche Spuren des Tatverdächtigen zu vernichten. Folglich widmete er sich zunächst dem DNA-Abrieb am Einwurf des Containers, pinselte dann die umgebende Fläche ein, um Fingerabdrücke zu sichern, und zog sie mit Folien ab. Erst jetzt konnte die Bergung der Tüte beginnen. Dieses Vorhaben erwies sich jedoch als gar nicht so einfach. Denn das Einwurfloch hatte nur einen geringen Durchmesser und der Abstand zwischen der Öffnung und der Tüte am Grund des Behälters war zu groß, um sie mit der Hand erreichen zu können. Ein Anruf bei der Firma, die den Container aufgestellt hatte, ergab, dass am Wochenende kein Mitarbeiter Dienst verrichtete. Um den Container zu öffnen, blieb als letzter Ausweg – wie so oft – die Feuerwehr. Es dauerte keine zehn Minuten, bis ein sogenanntes Kleinalarmfahrzeug auf dem Parkplatz neben uns ausrollte. Wir schilderten den beiden Feuerwehrmännern unser Problem und hielten gleich darauf die Lösung dafür in Händen: eine etwa zwei Meter lange Stange mit einer Art Schlinge an einem Ende. Damit, so erfuhren wir, würden sonst meistens Schlangen eingefangen. Es zeigte sich, dass die Fangvorrichtung auch für einen Skorpion geeignet war – denn in der Tüte befand sich tatsächlich eine Maschinenpistole der Marke »Skorpion«. Eine gefährliche Waffe, die in Fachkreisen wegen ihrer hohen Feuerkraft bekannt ist. Wie ein inzwischen ebenfalls herbeigerufener Waffenexperte des Bayerischen Landeskriminalamtes feststellte, lagerte im Verschluss der Waffe noch eine Patrone. Außerdem lagen in der Tüte zwei gefüllte Reservemagazine für die MP.

Die anschließende Vernehmung des Beschuldigten ergab als Motiv für die Tat, dass er geargwöhnt hatte, seine Frau lasse Teile ihres Einkommens einem Verwandten zukommen, anstatt es in den Unterhalt ihrer sechsköpfigen Familie zu stecken. Er hatte sich jedoch niemals die Mühe gemacht, diesem Verdacht einmal nachzugehen und die Einkünfte mit den Ausgaben der Familie zu vergleichen. Stattdessen hatte er in der jüngeren Vergangenheit seine Frau immer wieder mit demselben Vorwurf konfrontiert. Ihren Beteuerungen, dem Verwandten noch nie auch nur einen einzigen Cent gegeben zu haben, schenkte er schlicht keinen Glauben. So hatte Dursun P. beschlossen, den Verwandten seiner Frau zu töten, dieses Vorhaben aber immer wieder verschoben.

An dem verhängnisvollen Tag, als er schließlich seine Frau erschoss, war es frühmorgens zu einem Streit zwischen den Eheleuten gekommen. Hatice ging danach verärgert in die Waschküche, um die frisch gewaschene Wäsche in den Trockner zu geben. Da entschloss sich Dursun, seiner Frau zu folgen und sie anstelle ihres Verwandten zu töten. Das Schicksal seiner vier Kinder, denen er die Mutter nehmen würde, spielte dabei für ihn keinerlei Rolle. Für mich war es erschreckend und unvorstellbar, dass ein Mensch aus so einem unglaublich banalen Grund seine Familie zerstören konnte.

Wo er die Waffe die ganze Zeit über versteckt hatte, konnte nicht geklärt werden. Fest steht nur, dass Dursun P. wohl unvermutet hinter seiner völlig arglosen Frau in der Tür des Waschkellers auftauchte und sofort eine Salve aus der Maschinenpistole auf sie abfeuerte. Insgesamt sechs Kugeln trafen das Opfer von hinten, eine der Kugeln fügte ihr eine tödliche Verletzung zu.

Gleich nach der Tat versperrte Dursun P. die Kellertür und lief ins Treppenhaus. Dort traf er auf einen Nachbarn, der – durch die Schüsse alarmiert – vor der Tür stand, um nach dem Grund der Knallerei zu forschen. Als Dursun ihn sah, murmelte er nur »Die Kinder, alles in Ordnung!«, ehe er das Haus verließ.

Offenbar hatte er nach dem Mord an seiner Frau nun doch wieder vor, auch ihren Verwandten aufzusuchen. Mit der U-Bahn fuhr er in die Nähe der Wohnung des Mannes, traf ihn jedoch nicht an. Deshalb telefonierte er mit einem Bekannten und erkundigte sich, wo er diesen finden könnte. Der Angerufene wusste das jedoch nicht, was dem völlig unschuldigen Verwandten von Hatice P. möglicherweise das Leben rettete. Was Dursun P. nach den tödlichen Schüssen tatsächlich vorhatte und was genau er machte, konnte auch in der späteren Gerichtsverhandlung nicht geklärt werden. Jedenfalls brach er, als Deniz ihn schließlich völlig aufgeregt anrief und berichtete, was sich daheim zugetragen hatte, seine Suche ab. Er nahm ein Taxi und ließ sich in die Nähe seiner Wohnung bringen. Vor dem Aussteigen verlangte der mürrische Fahrgast eine Quittung. Die Fahrerin konnte sich vor Gericht noch genau an die merkwürdige Begründung erinnern, mit der Dursun sie verlangt hatte: »Die brauche ich für meine Frau!« Für seinen Sohn aber brach eine Welt zusammen, als er erfuhr, dass sein eigener Vater den Kindern die Mutter genommen hatte. In Zukunft würde auch der Vater sich nicht mehr um seine Kinder kümmern können.

Die akribische Überprüfung der Einkommensverhältnisse und der Ausgaben der Familie P. durch einen Finanzexperten des Kommissariats für Wirtschaftsdelikte zeigte, dass es keine einzige Zahlung von Hatice an ihren Verwandten gegeben hatte. Diese Erkenntnis machte die grausame Tat nur noch sinnloser und unverständlicher, als sie ohnehin war.

Schließlich wurde Dursun P. von der Schwurgerichtskammer des Landgerichts München I wegen Mordes zu einer lebenslangen Haftstrafe verurteilt. Außerdem erkannte die Kammer auf die besondere Schwere der Schuld, was es Dursun P. frühestens nach 25 Jahren ermöglicht, einen Antrag auf Haftentlassung zu stellen. Zeit genug für ihn, darüber nachzudenken, was er seiner Familie angetan hat.

PS: Die vorgetäuschte Entführung konnten wir übrigens zu unserer Zufriedenheit aufklären. Der erpresste Norman V. konnte in enger Absprache mit uns das geforderte Lösegeld von einer Million Euro auf schließlich 67000 Euro »herunterhandeln« und die Täter dazu veranlassen, ihn zur Übergabe der Summe in München zu treffen. Dort wurde das Trio von Beamten des SEK festgenommen. Knapp ein Jahr später verurteilte das Münchner Landgericht den angeblich entführten Liebhaber des Erpressten zu sieben Jahren Haft, einen der Bewacher, der in der Wohnung beim Opfer zurückgeblieben war, zu sechs Jahren Haft und einen weiteren Mittäter zu zweieinhalb Jahren. Die Ermittlungen gegen den vierten Täter wurden an sein Heimatland Tschechien abgegeben.

Späte Sühne

In einer lauen Sommernacht in den Neunzigerjahren wartete der damals neunundvierzigjährige Walter S. hinter dem Alten Peter in seinem Taxi auf Fahrgäste. Es war kurz nach Mitternacht und er überlegte gerade, ob er Feierabend machen sollte, als ein jüngerer Mann auf dem Beifahrersitz Platz nahm. Der Fahrgast gab als Ziel eine Straße in einem ruhigen Ortsteil im Osten Münchens an. Die Fahrt verlief schweigsam. Nachdem das Taxi die angegebene Straße erreicht hatte, dirigierte der Fahrgast Walter S. ein Stück weiter in eine menschenleere, dunkle Seitenstraße, die zu einem Wohnhaus führte. Dort ließ er den Wagen anhalten. Walter S. schaltete die Innenbeleuchtung ein, um den Fahrpreis zu kassieren, und sein stiller Kunde griff in die Plastiktüte, die er während der gesamten Fahrt auf dem Schoß gehalten hatte. Doch anstelle des erwarteten Geldbeutels zog der Fahrgast unvermittelt eine Pistole aus der Tüte. Der Taxifahrer reagierte blitzartig und griff nach der Waffe, um zu verhindern, dass der Mann sie auf ihn richtete. Doch er war nicht schnell genug, denn sein Fahrgast riss die Waffe in die Höhe und schoss ohne zu zögern dem Taxifahrer aus nächster Nähe in die rechte Körperseite. Es war purer Zufall, dass keine lebenswichtigen Organe zerfetzt wurden und Walter S. noch handlungsfähig blieb. Es gelang dem Schwerverletzten, die Hand des Schützen zu umklammern und von seinem Körper weg nach oben zu drücken. Der Täter schoss unterdessen weiter, wobei die Schüsse nun die Windschutzscheibe durchschlugen. Als der Mann ein weiteres Mal abdrückte, ertönte nur noch ein Klacken. Auch bei wiederholten Versuchen war lediglich dieses Klacken zu vernehmen. Die Waffe hatte offensichtlich eine Ladehemmung. Da der Täter wohl keine Möglichkeit mehr sah, den sich nach wie vor heftig wehrenden Taxifahrer zu überwältigen, ließ er von weiteren Angriffen ab und verschwand ohne Beute in der Nacht. Den blutenden Walter S. ließ er hilflos in seinem Fahrzeug zurück. Er musste in dieser Situation damit rechnen, dass sein Opfer ohne ärztliche Hilfe an der Schussverletzung sterben würde. Mit letzter Kraft ließ der Überfallene sein Taxi aus der leicht abschüssigen Seitenstraße auf die Hauptstraße zurückrollen und forderte dabei über seinen Taxifunk Hilfe an. Obwohl in kürzester Zeit andere Taxifahrer, die gerade in der Nähe waren, und die ersten Polizeistreifen eintrafen, gelang es nicht, den flüchtenden Täter aufzuspüren.

Der Verletzte wurde durch den Notarzt in eine Klinik gebracht und dort sofort operiert. Dabei wurde ein Projektil sichergestellt, das im Beckenknochen steckengeblieben war. Es gelang den Ärzten, das Leben des Taxifahrers zu retten, ohne dass er bleibende körperliche Schäden behielt. Allerdings war der Mann durch den Angriff derartig traumatisiert, dass er sich nie wieder hinter das Steuer eines Taxis setzen konnte.

Noch in der Nacht wurde mit einem großen Polizeiaufgebot versucht, einen Hinweis auf den Fluchtweg des Täters zu erlangen oder irgendwelche Gegenstände aufzufinden, die Rückschlüsse auf ihn ermöglicht hätten. Doch die Suche blieb erfolglos, der Täter schien wie vom Erdboden verschluckt zu sein. Schusswaffensachverständige wurden an den Tatort gerufen. Sie versuchten, aus Walter S.s Angaben gegenüber den Ersthelfern und aus ihren eigenen Feststellungen vor Ort den Ablauf des Geschehens zu rekonstruieren. Schließlich wurde das Taxi auf einen Abschleppwagen verladen, der es in eine Halle der Polizeiverwahrstelle brachte, wo die Fachleute des Erkennungsdienstes das Fahrzeug unter die Lupe nahmen. Selbst die kleinsten Flusen im Fahrzeuginneren wurden gesichert und asserviert. Vielleicht wäre es später einmal möglich, sie einem Tatverdächtigen zuzuordnen. Auch Zigarettenkippen aus dem Aschenbecher wurden routinemäßig sichergestellt, ebenso eine Münchner Tageszeitung, die im Wageninneren vor dem Beifahrersitz auf dem Fußboden lag. Auf der Zeitung konnten die Beamten des Erkennungsdienstes zwei Fingerabdrücke sichtbar machen. Allerdings ergab die automatische Überprüfung im zentralen Polizeicomputer beim Bundeskriminalamt keine Übereinstimmung mit einem Fingerabdruck einer der zahlreichen im System erfassten Personen.

Der überfallene Taxifahrer war sich nicht ganz sicher, ob diese Zeitung von seinem letzten Fahrgast stammte oder aber ein anderer sie im Fußraum vergessen hatte. Ohnehin musste der Fingerabdruck nicht zwangsläufig vom Täter stammen. Schließlich konnte auch der Lieferwagenfahrer die Zeitung angefasst haben, ein Zeitungsverkäufer oder eine x-beliebige andere Person, die diese Zeitung gelesen und dann weggelegt hatte, ehe der Täter sie womöglich an sich nahm. Dennoch könnten diese Fingerabdrücke zu einem wichtigen Indiz werden.

Nach den Angaben von Walter S. fertigten Spezialisten des Landeskriminalamtes ein Phantombild an, das in den Medien veröffentlicht wurde. Doch es ergaben sich keinerlei Hinweise, die zu einer erfolgversprechenden Spur geführt hätten. Wie üblich, hatte es mehrere Mitteilungen aus der Bevölkerung gegeben, doch die Überprüfungen der genannten Personen verliefen sämtlich im Sande. Der gesuchte Taxiräuber befand sich nicht unter ihnen. Der einzig aussagekräftige Hinweis stammte aus dem Bericht des Schusswaffengutachters. Der hatte nämlich bei der Begutachtung des sichergestellten Projektils festgestellt, dass es sich bei der Tatwaffe mit sehr hoher Wahrscheinlichkeit um eine Pistole der Marke Dreyse, Modell 1907, Kaliber 7,65 handelte, die im Zweiten Weltkrieg in relativ geringer Stückzahl hergestellt und so gut wie ausschließlich von Offizieren verwendet worden war. Das ganz Besondere an der Waffe aber war ihr Aussehen: Sie hatte oberhalb des Schlittens eine mehrere Zentimeter lange badewannenförmige Vertiefung, wie sie sonst bei keiner in Europa bekannten Pistole zu finden war. Doch erbrachte auch diese Erkenntnis letztlich keinen neuen Ermittlungsansatz, da bei keiner Waffenbehörde eine derartige Pistole registriert war.

Nach langen Wochen intensiver Recherchen mussten sich die Ermittler eingestehen, dass es wohl keine weiteren Zeugen für das Geschehen gab, denn trotz der intensiven Öffentlichkeitsfahndung und obwohl man eine Belohnung ausgesetzt hatte, meldete sich niemand, der sachdienliche Angaben machen konnte. Das Fazit aller Anstrengungen und Überprüfungen war für die damaligen Sachbearbeiter der Mordkommission und des Erkennungsdienstes frustrierend: Es ergab sich nicht der allerkleinste Hinweis auf den Täter. Irgendwann musste der damalige Sachbearbeiter daher den Fall schweren Herzens als »ungeklärt« zur Seite legen, und die Akten verschwanden in den Katakomben des altehrwürdigen Polizeipräsidiums. Die Jahre zogen ins Land, ohne dass sich in diesem Fall etwas Neues getan hätte. Dann aber, vierzehn Jahre nach der Tat, nahm ein Beamter meiner Kommission im Rahmen der sogenannten Altfallbearbeitung die Ermittlungen wieder auf. Mittlerweile waren die technischen Möglichkeiten zum automatisierten Abgleich von Fingerabdrücken, die man am Tatort gefunden hat, mit denen von erkennungsdienstlich behandelten Straftätern wesentlich verfeinert worden, wie übrigens auch die DNA-Analyse. Als nun mein Kollege den Vorgang durchlas, stieß er auf die Zeitung aus dem Taxi und auf die darauf gesicherten Fingerabdrücke. Außerdem interessierte er sich für die Zigarettenkippen, da diese als Spurenträger für DNA-Material bestens geeignet sind. Er vereinbarte daher einen erneuten Abgleich der Fingerspuren und die Überprüfung der Zigarettenkippen auf DNA-Material.

Es sollte nicht lange dauern, bis sich der für Altfälle zuständige Beamte des Erkennungsdienstes bei ihm meldete.

Und was er mitteilte, ließ den Beamten der Mordkommission aufhorchen: Der Abgleich hatte sowohl bei einer der Zigarettenkippen als auch bei der Zeitung zu einem Treffer im Personenbestand des BKA-Rechners geführt – allerdings bei zwei verschiedenen Personen. Die verdächtige Kippe stammte von einem Mann, der wegen erheblicher Gewaltdelikte vorbestraft war; der Fingerabdruck wiederum stimmte mit dem einer Person überein, die zehn Tage vor dem Mordversuch an Walter S. in Nürnberg einen bewaffneten Überfall auf ein Geschäft durchgeführt hatte. Da die Angestellte sich aber resolut wehrte, misslang die Aktion und der Täter ergriff schließlich ohne Beute die Flucht. Er konnte einige Zeit später ermittelt werden und wurde zu einer Freiheitsstrafe von mehr als zwei Jahren verurteilt. Seine Aussage, wonach er die Tatwaffe – angeblich eine Schreckschusspistole – anschließend gleich weggeworfen hatte, konnte nicht widerlegt werden. Dieser Mann, der damals 29 Jahre alte verheiratete Einzelhandelskaufmann Mirko Z., rückte nun in den Mittelpunkt der weiteren Ermittlungen. Doch auch der andere kam als Täter durchaus in Betracht.

Zunächst galt es, den aktuellen Aufenthaltsort der beiden ausfindig zu machen und deren Alibi für die Tatzeit genauestens zu überprüfen. Das jedoch stellte sich bei einem der beiden als gar nicht so einfach heraus, sein Wohnsitz musste erst aufwändig ermittelt werden. Parallel dazu besorgte sich mein Kollege die Kriminalakten der beiden Personen und überprüfte, ob es darin Hinweise auf die Verwendung einer Waffe dieses ausgefallenen Modells gab. Nachdem der stark vorbestrafte Raucher ein wasserdichtes Alibi für den Zeitpunkt des Mordversuchs an dem Taxifahrer nachweisen konnte, interessierten wir uns nun ganz besonders für Mirko Z. Aus den Akten ergab sich, dass die überfallene Verkäuferin seinerzeit auf eine »merkwürdige Rille« hingewiesen hatte, die ihr »oben auf der Waffe des Räubers« aufgefallen war. Um herauszufinden, ob es sich um dieselbe Waffe gehandelt haben konnte wie bei dem Mordversuch an Walter S., fuhr der Sachbearbeiter mit Fotos von diversen Pistolen, die in irgendeiner Weise Auffälligkeiten am oberen Teil ihrer Verschlüsse aufwiesen, nach Nürnberg.

Die Verkäuferin war sich schließlich nach längerer Überlegung »hundertprozentig« sicher, dass die damals bei dem Überfall auf sie gerichtete Waffe genau so wie die Pistole Dreyse, Modell 1907, ausgesehen hatte. Damit erhärtete sich der Tatverdacht wegen des versuchten Raubmordes an Walter S. so sehr, dass der zuständige Ermittlungsrichter auf Antrag der Staatsanwaltschaft einen Haftbefehl gegen Mirko Z. erließ.

Ende Februar konnte Mirko Z. in unserem Beisein von Kollegen der Münchner Zielfahndung in Fürth ermittelt und festgenommen werden, als er gerade im Begriff war, eine Wohnung zu betreten. Völlig überrumpelt und von der Schnelligkeit der Aktion sichtlich beeindruckt, ließ sich Mirko Z. widerstandslos festnehmen. Noch vor Ort informierte ich ihn über die gegen ihn erhobenen Vorwürfe und belehrte ihn über seine Rechte. Unmittelbar danach brachten wir ihn in eine nahegelegene Polizeiinspektion, wo er in Ruhe den Haftbefehl durchlesen konnte. Nachdem Mirko Z. mit einem Anwalt telefoniert hatte, transportierten wir ihn in unserem Dienstwagen nach München, wo er am darauffolgenden Tag dem Ermittlungsrichter zur Eröffnung des Haftbefehls vorgeführt wurde.

Schließlich räumte Mirko Z. ein, dass er Walter S. überfallen hatte, um ihn zu berauben, da er damals in großen finanziellen Schwierigkeiten gewesen sei. Auch gab er zu, dass es zu einem Handgemenge gekommen war. Er bestritt jedoch, absichtlich geschossen zu haben, der Schuss habe sich versehentlich gelöst, als der Taxifahrer nach der Waffe griff. Diese Aussage konnte durch Gutachten und die glaubwürdige Schilderung des Geschehens durch Walter S. eindeutig widerlegt werden, sodass Mirko Z. schließlich vom

Schwurgericht wegen zweier Mordmerkmale – versuchter Mord aus Habgier und zur Ermöglichung einer Straftat – zu zehn Jahren Freiheitsstrafe verurteilt wurde. Die Waffe aber konnte trotz intensiver Suchmaßnahmen nicht mehr aufgefunden werden.

»Manchmal möchte man nur noch schreien ...«

5.33 Uhr, ein kühler Morgen im Frühling. Das Telefon klingelte. Viele Dutzend Male hatte mich in den vergangenen Jahren das Bereitschaftstelefon schon aus dem Schlaf geholt, und jedes Mal hatte ich mit einem gelassen-entspannten Gefühl das Gespräch entgegengenommen. Dieses Mal aber war es irgendwie anders. Schon als ich aus dem Tiefschlaf hochschreckte, beschlich mich – ohne dass ich mir das erklären konnte – eine sonderbare Vorahnung. Ich war sofort hellwach, angelte nach dem Telefon und meldete mich. Im Gegensatz zu dem sonst üblichen Geplänkel »Hast du schon geschlafen?« oder »Sag mir Bescheid, wenn du aufnahmebereit bist«, kam der Kollege vom Kriminaldauerdienst mit gepresster Stimme direkt zur Sache: »In einem Vorort von München« – er nannte den Namen der Ortschaft – »sind in einem Haus zwei kleine Mädchen mit schwersten Verletzungen von ihrer Mutter aufgefunden worden, als sie nach Hause kam.« Und nach einer winzigen Pause: »Eines der Kinder ist bereits tot, Notärzte kämpfen noch um das Leben des zweiten Kindes! Aber es gibt wohl auch für dieses keine Hoffnung.« Ich saß wie erstarrt auf der Bettkante. In meinem Kopf hallten die Worte des Kollegen nach: »Eines der Kinder ist bereits tot ... es gibt keine Hoffnung für das zweite!«

Es ist unmöglich, die Gefühle zu beschreiben, die mich in diesem Augenblick befielen. Ein Kind zu verlieren, ist das Allerschlimmste, was man sich vorstellen kann. Was mag in einer Mutter vorgehen, die bei ihrer Rückkehr ihre beiden Kinder mit schwersten Verletzungen vorfindet. Die miterleben muss, wie eines der Kinder stirbt. Und die nun um das Leben ihres zweiten Kindes bangt. Grauenhaft. Mechanisch fragte ich nach der genauen Adresse, die ich mir ebenso mechanisch notierte, während ich unentwegt an die Frau denken musste, die in diesem Augenblick in ihrer Wohnung das Schrecklichste erlebte, was einer Mutter widerfahren kann.

Meine Frau war ebenfalls wach geworden und blickte mich verschlafen an. »Ich muss ausrücken – es wird sicher sehr spät werden«, sagte ich nur kurz, ehe ich die Schlafzimmertür hinter mir schloss. Ich hätte es in diesem Augenblick nicht über mich gebracht, ihr etwas von toten Kindern zu erzählen.

Meinen beiden Kollegen, die mit mir zusammen Bereitschaft hatten, teilte ich telefonisch das Wenige mit, das mir bislang bekannt war, und forderte sie auf, zum Tatort zu kommen. Ich kannte meine Kollegen lange genug, um zu wissen, wie nahe auch ihnen diese Nachricht ging. Danach informierte ich unseren Bereitschaftsstaatsanwalt; er sagte zu, schnellstmöglich zum Tatort zu fahren. In Rekordzeit war ich startbereit. Während ich mit Sondersignalen durch die Stadt raste, zwang ich mich, auf den Verkehr zu achten und nicht unentwegt an das zu denken, was mich in wenigen Minuten erwarten würde. Ich verspürte eine nie gekannte Beklemmung in mir. Wie würde ich den Moment ertragen, in dem ich der Mutter gegenübertreten musste? Kurz bevor ich den kleinen Vorort erreichte, meldete sich am Funk ein Kollege vom Tatort. Was er mit hörbar betroffener Stimme mitteilte, ließ meine Befürchtung zur schrecklichen Gewissheit werden: Auch das zweite Mädchen war tot.

Schon von Weitem sah ich das Großaufgebot an Polizei- und Rettungsfahrzeugen. Trotz der frühen Morgenstunde drängten sich etliche Schaulustige, die vermutlich das nicht enden wollende Sirenengeheul der zahllosen Einsatzfahrzeuge aus dem Schlaf gerissen hatte, an den rot-weißen Flatterbändern der Polizeiabsperrung. Das Tatanwesen, ein zweistöckiges Eckhaus mit ausgebautem Speicher, lag an der Hauptstraße der Gemeinde, der Zugang erfolgte über einen geteerten Hof von einer Seitenstraße aus. Im Erdgeschoss gab es einen kleinen Handwerksbetrieb, der zu dieser frühen

Stunde aber noch geschlossen war. Die Tatwohnung befand sich im ersten und zweiten Stock.

An Tatorten herrscht oftmals eine geschäftige Betriebsamkeit, doch hier schien alles wie erstarrt zu sein. Die Bestürzung in den Gesichtern der Menschen ringsum war nicht zu übersehen. Kaum jemand sprach, und wenn, dann unterhielt man sich nur flüsternd. Offenbar hatte die Nachricht vom gewaltsamen Tod der beiden Kinder längst die Runde gemacht. An einer Straßenecke hatten sich bereits erste Reporter mit ihren Fotoapparaten postiert und eben fuhr der VW-Bus einer Fernsehgesellschaft vor. Die ganze Szenerie wirkte im ersten Augenblick surreal, ja fast gespenstisch. Und doch war es die unerbittliche Realität. Eine junge Frau, die innerhalb der Absperrung stand, klammerte sich schluchzend an einen Mann, dem die Verzweiflung ins Gesicht geschrieben stand. Wie sich später herausstellte, handelte es sich um Nachbarn der Opferfamilie. Ich zwang mich, meinen Blick von den beiden loszureißen und näherte mich einer Gruppe von Beamten, unter denen ich den Außendienstleiter erkannte.

Anstelle einer Begrüßung sagte der Kollege lediglich: »Die Mutter und ihr Freund sind oben in der Wohnung! Das KIT ist bei ihnen.« Dabei zeigte er auf eine offenstehende Eingangstür, hinter der hölzerne Stufen steil nach oben führten. Mehrere Rettungsfahrzeuge, vier Notarztfahrzeuge, darunter der Wagen des Kindernotarztes und des Leitenden Notarztes, sowie ein Wagen mit der Aufschrift KIT (für Krisenintervdntionsteam) standen auf dem Hof bzw. in der Nähe der Einfahrt. Rettungssanitäter trugen medizinisches Equipment aus dem Haus und verstauten es in den Fahrzeugen. Selbst die modernsten Geräte hatten das Leben der Kinder nicht mehr retten können. Einer der Notärzte sagte resigniert: »Wir haben alles versucht, die Kinder zu reanimieren; aber wir konnten nichts mehr machen. Sie waren vermutlich schon längere Zeit tot, als wir eintrafen.« Allen

Rettungskräften war anzusehen, wie sehr ihnen diese vergebliche Bemühung zusetzte.

Immer wieder wird man in diesem Beruf mit dem Tod konfrontiert. Und irgendwann arrangiert man sich damit, dass man den Kampf um das Leben Verletzter oder Erkrankter nicht immer gewinnen kann. Man muss das tun – und jeder macht es auf seine eigene Weise –, will man an dieser Belastung nicht zerbrechen. Doch wenn es sich bei den Opfern um Kinder handelt, die ohne Gnade und ohne sich wehren zu können, getötet worden sind, dann versagen die Schutzmechanismen, dann bleiben nur noch Entsetzen, Trauer, Wut und Fassungslosigkeit sowie Bilder, die sich tief im Innersten festsetzen und einen fortan nie wieder loslassen.

Im Telegrammstil wurde mir berichtet, was bislang bekannt war: Am frühen Morgen, kurz vor fünf Uhr, war die zweiundvierzigjährige Susanne K. zusammen mit ihrem einundfünfzigjährigen Lebensgefährten Hubert A. aus dessen Lokal nach Hause gekommen. In der Gaststätte hatte an diesem Abend eine Musikveranstaltung stattgefunden und Susanne hatte als Bedienung ausgeholfen. Dass es allerdings bis in die frühen Morgenstunden dauerte, bis Susanne und ihr Freund endlich den Weg nach Hause antreten konnten, war nicht geplant gewesen.

Die beiden Töchter Susannes, die achtjährige Jeanette und die elfjährige Vanessa, waren alleine zu Hause geblieben. Da die Wohnung kaum hundert Meter von der Gaststätte entfernt lag und die Mutter telefonisch jederzeit für ihre Töchter erreichbar war, gab es für Susanne keinen Grund, sich Sorgen um ihre Kinder zu machen. Zudem hatte sie die Eingangstür nicht versperrt, damit die Kinder im Falle eines Brandes die Wohnung ungehindert verlassen konnten.

Nach ihrer Rückkehr schien zunächst alles in Ordnung zu sein. Hubert A. war gerade dabei, sich ein Toastbrot zu machen, als Susanne bemerkte, dass auf der Ablage der Spüle ein verbogenes Messer lag. Daneben war eine Hantelstange, die sie zuvor noch nie gesehen hatte. Als sie dann auch noch eine Taschenlampe entdeckte, die nicht aus ihrem Haushalt stammte, war sie beunruhigt. Sie lief die Treppe nach oben zu ihrem Schlafzimmer. Beiläufig registrierte sie dabei, dass die Lampe am oberen Treppenabsatz nicht brannte. Im Schlafzimmer machte sie dann eine grauenvolle Entdeckung: Auf dem Boden lag ihre jüngere Tochter blutverschmiert, leblos und mit einem Strick um den Hals. Schreiend rannte sie die Treppe nach unten und rief ihrem Lebensgefährten zu, er solle den Notarzt rufen. Im nächsten Moment fand sie im Kinderzimmer ihre zweite Tochter – auch sie war voller Blut und gab kein Lebenszeichen mehr von sich. Mit zitternden Fingern gelang es Hubert A. schließlich, den Notruf zu wählen. Vier Minuten später erreichte der erste Streifenwagen das Haus. Zwei junge Beamte, eine Frau und ein Mann, stürmten in das Anwesen und fanden eine Situation vor, die ihnen das Blut in den Adern gefrieren ließ. Später einmal wird der junge Kollege vor Gericht in allen Details schildern müssen, wie er minutenlang vergeblich versucht hat, eines der beiden schrecklich zugerichteten Mädchen wiederzubeleben, bis der erste Notarzt eintraf. Und er wird, nach einer langen Pause, in der er sichtlich um Fassung ringt, mit leiser Stimme sagen: »Manchmal möchte man nur noch schreien.« Das war der Moment, in dem einige Zuhörer weinend den Gerichtssaal verließen.

Meine erste Begegnung mit der Mutter und ihrem Lebensgefährten dauerte nur kurz. Zusammen mit einem Arzt und einem Angehörigen gelang es uns, Susanne K. und Hubert A. zum Verlassen der Wohnung zu bewegen. Bald darauf wurden sie auf unserer Dienststelle vernommen. Jedes noch so winzige Detail konnte einen entscheidenden Hinweis auf das Motiv oder die Person des unbekannten Täters liefern. Trotz ihres unermesslichen Leids versuchte Susanne K., die Fragen der Kollegen, so gut das in dieser Situation möglich war, zu beantworten.

Mittlerweile war auch eine Ärztin des Institutes für Rechtsmedizin am Tatort eingetroffen, sie führte die ersten Untersuchungen an den kleinen Leichnamen durch. Ich koordinierte vom Hof aus die Ermittlungs- und Fahndungsmaßnahmen. Inzwischen waren etliche Beamte des Erkennungsdienstes eingetroffen, um die Kapitalbereitschaft zu verstärken, in ihrem Gefolge erreichte auch ein großer Tatortbus den Einsatzort, der mit den modernsten technischen Gerätschaften zur Spurensicherung ausgestattet war.

Zahlreiche Streifenbesatzungen waren aus dem gesamten Stadtgebiet zusammengezogen worden, die nun mit Unterstützung einiger Züge der Einsatzhundertschaften jeden Winkel der Ortschaft nach möglichen Hinweisen auf den unbekannten Mörder absuchten. Spurenhunde, sogenannte Mantrailing-Hunde, kamen ebenso zum Einsatz wie ein Hubschrauber. Im gesamten Landkreis waren Straßensperren errichtet worden, an denen jedes Fahrzeug akribisch kontrolliert wurde. Immer wieder wurden Personen zu mir gebracht, die Angaben zur Opferfamilie machen konnten. Darunter waren enge Freundinnen von Susanne K., aber auch Nachbarn. Manche der Frauen blickten mich angsterfüllt an, in der verzweifelten Hoffnung, das, was sie von den Schaulustigen gehört hatten, stimme so nicht. Als ich ihnen dann die bittere Wahrheit bestätigen musste, brachen sie schluchzend zusammen. Mir blieb nur, sie wortlos in den Arm zu nehmen. Rettungssanitäter übernahmen die traumatisierten Angehörigen und brachten sie zu ihren Einsatzfahrzeugen.

Die Kollegen des Erkennungsdienstes stellten dem Staatsanwalt und mir Spurensicherungsanzüge zur Verfügung, und so konnten wir uns einen ersten Eindruck vom Tatort verschaffen. Ich werde die schrecklichen Bilder, die zahlreichen Blutspuren in beiden Etagen, vor allem aber den Anblick der beiden kleinen Mädchen nie mehr aus meinem Gedächtnis löschen können. Und auch nicht die Vorstellung vom unbeschreiblichen Grauen, das die Kinder in den letzten

Minuten ihres noch so jungen Lebens durchgemacht haben müssen.

Sobald ein Tötungsdelikt entdeckt wird, läuft die hundertfach erprobte Maschinerie der Polizei sehr schnell an. Nachdem die Kollegen und Kolleginnen des Erkennungsdienstes den Tatort gefilmt und fotografiert hatten, wurden die Leichen der Kinder zum Institut für Rechtsmedizin überführt, wo sie noch am selben Vormittag obduziert wurden. Ich selbst vergewisserte mich, dass alle erforderlichen Maßnahmen zur Beweissicherung und Fahndung eingeleitet waren, und fuhr dann zur Dienststelle zurück. Dort hatte die Dienststellenleitung inzwischen eine Sonderkommission ins Leben gerufen, die innerhalb kürzester Zeit auf rund dreißig erfahrene Kriminalbeamte aufgestockt wurde.

Meine Kommission übernahm die zentrale Sachbearbeitung. Die Sonderkommission wurde in einzelne Abschnitte gegliedert, denen bestimmte Aufgabenbereiche zugewiesen wurden. Den größten Abschnitt bildete die Ermittlungsgruppe. Den Ermittlerteams oblag es unter anderem, Hinweisen aus der Bevölkerung nachzugehen, die aufgrund der außerordentlich intensiven Medienberichterstattung sehr zahlreich waren. Alle Mitteilungen wurden zunächst von unserem Abschnitt »Hinweisaufnahme« erfasst und mir dann zur Prüfung vorgelegt. Die einzelnen Meldungen wurden gewichtet und mit einer entsprechenden Priorität versehen als schriftlicher Auftrag an die Ermittlungsgruppe weitergeleitet. Daneben galt es, möglichst schnell Informationen aus dem familiären Umfeld der Opfer zu beschaffen sowie aus ihrem Freundes- und Bekanntenkreis, um so eventuell einen Hinweis auf ein mögliches Tatmotiv zu erlangen. Zudem mussten die Besucher der Gaststätte vernommen werden, mit denen Susanne K. und Hubert A. die Nacht verbracht hatten. Technische Daten mussten gesichert und die Herkunft der Gegenstände, die der Täter offensichtlich mitgebracht hatte, musste ermittelt werden.

Von Anfang an wurden alle Hinweise und Informationen, alle Ermittlungsschritte sowie die Ergebnisse der Auswertungen von Computer- oder Telekommunikationsdaten in einem speziellen EDV-Programm erfasst und dokumentiert. Dadurch waren alle Beamten ständig auf demselben und immer aktuellen Stand der Ermittlungen, was für ihre eigenen Aufträge von besonderer Bedeutung war. In kürzester Zeit waren zusätzliche PCs beschafft und installiert worden und man hatte in den Büros der Beamten des K 11 weitere Arbeitsplätze geschaffen.

Immer wieder gab es Besprechungen innerhalb der Soko, aber auch mit den Vertretern der Staatsanwaltschaft, des Erkennungsdienstes und mit den Kollegen diverser anderer Dienststellen, die unsere Arbeit unterstützten. Dabei wurden Ideen und Anregungen für immer neue Ermittlungsansätze ausgetauscht und diskutiert.

Noch am Tattag hatten Angehörige des Kriseninterventionsteams Kontakt mit den Schulen der beiden Mädchen aufgenommen. Auch unter den Lehrern löste die Nachricht vom gewaltsamen Tod der lebensfrohen und überaus beliebten Mädchen Entsetzen aus. Eine Lehrerin musste psychologisch betreut werden. Die Mitschüler von Jeanette und Vanessa wurden am Tag darauf im Beisein ihrer Eltern über den Tod der Klassenkameradinnen informiert. Auf Anraten der betreuenden Psychologen bemalten sie die kleinen Särge der Schwestern in den nächsten Tagen liebevoll.

Täglich, ja mitunter stündlich, erhielten wir von den Kollegen des Erkennungsdienstes neue Mitteilungen über die Spurenlage am Tatort. Zu einem sehr frühen Zeitpunkt bereits stand fest, dass sich der Täter verletzt haben musste. Denn an immer mehr Stellen, zum Beispiel an den Tatwerkzeugen, an Möbeln, Wänden, auf Fußböden und nicht zuletzt an den Leichen der Kinder selbst, fanden sich Blutspuren, die alle ein identisches DNA-Muster aufwiesen. Sie waren allesamt tatrelevant. Am Ende sollten es über einhundertfünfzig Spuren werden, die das DNA-Muster des unbekannten Täters aufwiesen.

Tatrelevante DNA an einem Tatort zu finden, bietet für die Polizei wertvolle Möglichkeiten der Fahndung. Auch, um den Kreis der Verdächtigen einzuschränken. So können durch Vergleichsproben Personen, die Kontakt zu einem Opfer gehabt haben könnten, mit Sicherheit als Verursacher einer solchen Spur ausgeschlossen werden. Am unproblematischsten erfolgt die Entnahme einer Probe durch einen Mundhöhlenabstrich, wobei mit einem Wattestäbchen Speichel aufgenommen wird.

Die Auswahlkriterien, wonach jemand zur Abgabe einer Speichelprobe gebeten wird, können – fallabhängig – unterschiedlich sein. Im Regelfall werden zuerst sogenannte »berechtigte Personen« überprüft, also Personen, die einen legitimen Grund dafür haben, dass DNA-Material oder Fingerabdrücke von ihnen gefunden werden. Das sind beispielsweise Ehepartner, Eltern, Kinder oder Verwandte; aber auch Freunde, Arbeitskollegen, Nachbarn, Handwerker und andere Personen, die sich irgendwann vor der Tat einmal berechtigt am Tatort aufgehalten haben.

Ergeben diese Überprüfungen keine Auffälligkeiten, kann man den Kreis erweitern, wozu man jedoch entsprechende richterliche Beschlüsse benötigt. Es gab Fälle – und es wird sie mit Sicherheit auch in der Zukunft immer wieder geben –, bei denen es zu sogenannten Rasterfahndungen oder Massenscreenings kam. Das bedeutet, dass man alle Personen aus einem bestimmten Ortsbereich oder mit genau festgelegten Eigenschaften zu einem Speicheltest bittet. Das können beispielsweise alle männlichen Personen in einer Gemeinde sein, die zwischen 18 und 65 Jahre alt sind. Oder alle männlichen Personen, deren Handys zum Tatzeitpunkt im Bereich des Tatortes eingeloggt waren.

In diesem Mordfall waren bereits bei rund hundert Personen aus dem nahen Umfeld der Opferfamilie Speichelproben entnommen worden, deren Auswertung noch ausstand.

In den Tagen nach dem Mord zeichnete sich immer klarer der mutmaßliche Ablauf ab. Die beiden Mädchen lagen wohl schlafend in ihren Betten, als der Mörder das Haus durch die unversperrte Tür betrat. Er schlich sich in das Zimmer eines der Mädchen, in der Absicht, es im Schlaf zu töten. Das Kind aber wachte auf und wehrte sich. Durch den Lärm wurde auch seine Schwester im Nebenzimmer geweckt. Obwohl die Tat später durch die Gutachter vor Gericht und auch im Urteil des Schwurgerichtes in allen grausigen und unfassbaren Details genau geschildert wurde, erspare ich Ihnen und mir diese Darstellung. Gegen den Täter hatten die kleinen Mädchen nicht die geringste Chance. Im Todeskampf aber wurde er von einem der Kinder offenbar gebissen, was bei ihm zu einer erheblichen Blutung führte.

Nach dem Mord an den beiden Kindern begann der Täter, seine Blutspuren, die in beiden Stockwerken der Maisonettewohnung überall vorhanden waren, so gut es irgend ging, zu beseitigen. Das geschah nicht nur, um keine Spuren am Tatort zu hinterlassen, sondern wohl vor allem deshalb, weil die Tötung der Kinder nur ein Teil seines Plans war. Ganz offensichtlich nämlich wollte er den Tod der beiden Mädchen der Mutter anlasten. Er wollte ihre Rückkehr abwarten, sie aus einem Versteck heraus überraschen und betäuben, sie dann in die Badewanne legen und ein eingeschaltetes Elektrogerät hineinwerfen. Man sollte denken, die alleinerziehende Mutter habe zuerst ihre schlafenden Kinder getötet und danach Selbstmord begangen.

Diese Annahme wurde von verschiedenen Feststellungen am Tatort untermauert. So hatte der Täter die Lampe am oberen Treppenabsatz aus der Wand gerissen. Dadurch war dieser Bereich nahezu stockdunkel. Außerdem wurde dort eine Flasche mit einer Flüssigkeit aufgefunden, die offenkundig als Betäubungsmittel dienen sollte. In die Badewanne war Wasser eingelassen und ein elektrisches Haushaltsgerät war an der Steckdose daneben angeschlossen worden. Allerdings – und das konnte der Täter nicht wissen – war diese Steckdose bereits vor vielen Jahren abgeklemmt worden. Damit wollte Susanne K. vermeiden, dass ihre Kinder beim Baden einen Stromschlag erleiden könnten.

Dieser unfassbare Plan aber war nicht aufgegangen, da beide Mädchen erwachten und sich so verzweifelt gegen ihren Mörder zur Wehr setzten. Und er scheiterte noch aus einem anderen Grund: Die Mutter von Jeanette und Vanessa kehrte viel später als erwartet zurück. Schließlich gab es der Täter auf, auf sie zu warten.

In den Tagen danach wurde den vielen Hinweisen aus der Bevölkerung mit Hochdruck nachgegangen. So informierten uns zum Beispiel immer wieder Spaziergänger über Kleidungsstücke, die sie an Straßenböschungen oder in Walddickichten entdeckt hatten. Zu den Fundstellen rückten dann jeweils Spezialisten des Erkennungsdienstes aus, die die Gegenstände sicherten und spurentechnisch behandelten. Zahlreiche Familienangehörige, Bekannte und Nachbarn von Susanne K. waren bereits vernommen worden, doch nirgendwo ergab sich auch nur der allergeringste Hinweis auf ein Motiv oder gar auf einen Tatverdächtigen.

Allein der Fund einer Taschenlampe beschäftigte mehrere Dutzend Beamte der Schutzpolizei. Wie sich herausstellte, handelte es sich um den batteriebetriebenen Frontscheinwerfer eines Fahrradlampensets. Da nicht auszuschließen war, dass der Täter mit dem Fahrrad zum Tatort gekommen war, konzentrierte sich die Suche auf ein Fahrrad mit passendem Lampenhalter und Rücklicht. Die Fahrradhändler im weiten Umkreis waren befragt worden, ob sie Lampen des entsprechenden Typs verkauft hätten und wenn ja, an wen. An allen Fahrradabstellplätzen an S-Bahnhöfen, Schulen, öffentlichen Plätzen und Sportstätten des Landkreises wurde Fahrrad um Fahrrad kontrolliert. Doch bei keinem der überprüften Fahrräder trafen die Suchkriterien zu. So reihten sich die Tage aneinander, für die meisten von uns nur durch jeweils einige wenige Stunden Schlaf unterbrochen. Kaum jemand kam vor Mitternacht nach Hause. Wir alle waren beseelt von dem Gedanken, nur ja keinen Hinweis, keine Spur zu übersehen, die uns zum Täter führen konnte.

Wie jeden Morgen saßen auch am achten Tag nach dem Verbrechen alle Mitglieder der Soko bei der Frühbesprechung. Es war Freitag, die Einteilung für das Wochenende war bereits abgeschlossen. An diesem Tag stand Susanne K. der schwerste Augenblick ihres Lebens bevor. Ihre beiden Kinder würden auf einem kleinen Friedhof beigesetzt werden.

Während gerade ein Abschnittsführer über die Ergebnisse seines Teams vom Vortag berichtete, wurde plötzlich die Tür zum Besprechungsraum aufgerissen. Aller Augen richteten sich auf einen Kollegen meiner Kommission, der Telefondienst versehen hatte und nun in der Tür stand. Er war hochrot im Gesicht und die Aufregung, in der er sich offenbar befand, ließ ihn förmlich zittern. So hatte ich ihn noch nie gesehen, der Mann war sonst durch absolut nichts aus der Ruhe zu bringen.

Noch ehe jemand fragen konnte, was passiert war, rief er, und seine Stimme überschlug sich dabei fast: »Wir haben ihn! Wir haben ihn!« Einen Herzschlag lang machte sich ungläubiges Schweigen breit. Doch schon im nächsten Moment entlud sich ein vielstimmiges Stakkato an Rufen und Fragen; Worte schwirrten durch den Raum und es war unmöglich, irgendetwas zu verstehen. Schließlich aber setzten sich die Rufe nach Ruhe durch und gleich darauf trat eine atemlose Stille ein. Die Spannung, die nun in der Luft lag, war beinahe körperlich spürbar. Da sprudelte es aus dem Kollegen heraus und die Bombe platzte: »Es ist der Onkel von Jeanette und Vanessa!« Das saß. Fassungslos blickten wir uns an. Der eigene Onkel – der Mörder?

Da berichtete der Kollege der Reihe nach. Eine Ärztin vom

Institut für Rechtsmedizin, die die freiwillig abgegebenen Speichelproben untersuchte, hatte eben angerufen: Bei einer der Proben stimmte das Muster in allen Details und ohne jeden Zweifel exakt mit dem DNA-Muster der Tatortspuren, mit dem des Mörders, überein. Wie elektrisiert hatte daraufhin mein Kollege den anonymisierten Code der Probe mit unseren Unterlagen verglichen, bis er auf den entsprechenden Bogen gestoßen war. Doch als er den Namen las, wollte er es zuerst nicht glauben, denn die Speichelprobe stammte vom Onkel der Ermordeten, dem Schwager ihrer Mutter.

Jetzt gab es kein Halten mehr. Fieberhaft begannen die Mitglieder der Soko damit, alle Informationen über den Mann zusammenzutragen, auf den sich ab sofort die Ermittlung konzentrierte. Minuten später bereits hatte man seine Adresse ausfindig gemacht. Er wohnte mit seiner Frau, Susanne K.s Schwester, und ihren vier gemeinsamen Kindern in einem Neubaugebiet am Rande einer idyllischen oberbayerischen Kleinstadt. Sein Name lautete Eugen M., er war 50 Jahre alt und bei der Post beschäftigt. Erst vor Kurzem war die Familie umgezogen, ihr Haus war noch nicht ganz fertiggestellt, es gab allerhand zu erledigen.

Wie sich zeigte, war Eugen M. erst zwei Tage zuvor von Beamten der Sonderkommission in seinem Haus aufgesucht und dabei auch gebeten worden, freiwillig eine Speichelprobe abzugeben. Als Onkel – davon war auszugehen – war er sicherlich regelmäßig in der Wohnung zu Besuch gewesen; anhand seines DNA-Musters konnte man also unter Umständen Spuren als »berechtigte« aussondern. Während seiner Befragung fielen den Kollegen ein Verband an der Hand und eine verschorfte Verletzung im Gesicht des Mannes auf. Er habe sich, so erklärte er dazu, bei Handwerksarbeiten in seinem Keller verletzt. Mit der Abgabe der Speichelprobe war er ohne Weiteres einverstanden.

Unverzüglich wurde die Staatsanwaltschaft von der überraschenden Wende informiert, die sofort ein Ermittlungsverfahren gegen Eugen M. einleitete. Aufgrund der Spurenlage erließ der Ermittlungsrichter einen Haftbefehl. Jetzt galt es, den Mann zu verhaften, ohne ihm die Gelegenheit zu geben, sich der Festnahme zu widersetzen. Vor allem bestand die Befürchtung, dass er das Leben seiner eigenen Familie oder das anderer gefährden oder aber sich selbst etwas antun könnte, sobald er erkannte, dass die Polizei ihm auf die Spur gekommen war. Da eine unauffällige Annäherung an das Wohnhaus des nunmehr Beschuldigten in der noch baum- und strauchlosen Neubausiedlung problematisch war, wurde das Spezialeinsatzkommando mit der Verhaftung beauftragt. Wahrscheinlich würden der Beschuldigte und seine Ehefrau an der am selben Tag stattfindenden Beerdigung ihrer Nichten teilnehmen, da ihr Fernbleiben auffallen würde und zu Spekulationen unter den Angehörigen führen könnte. Daher wurden Zivilkräfte auch zum Friedhof entsandt. Zu unserer Verwunderung ging Eugen M. jedoch nicht zu der Beerdigung. Stattdessen konnte er am späten Nachmittag von Kräften des Spezialeinsatzkommandos vor seinem Haus verhaftet werden, als er eben von einem Behördengang zurückkam.

Augenblicklich wurde er nach München gebracht und an meine Kommission übergeben. Die vier Kinder des Festgenommenen wurden in Absprache mit ihrer Mutter vorübergehend unter die Obhut des Jugendamtes gestellt. Dann begannen mehrere unserer Ermittlerteams und Kollegen des Erkennungsdienstes damit, das Anwesen des Beschuldigten genauestens zu durchsuchen. Andere vernahmen die Bewohner der Siedlung, ob sie in der Tatnacht irgendetwas Auffälliges bei ihrem Nachbarn bemerkt hätten.

Bei der Durchsuchung wurden diverse Gegenstände sichergestellt, durch die sich nach und nach ein eindeutiger Bezug zum Tatgeschehen herstellen ließ. Davon war uns jedoch an diesem Abend noch nichts bekannt.

Die Beerdigung war am Nachmittag unter sehr großer

Anteilnahme zu Ende gegangen und die völlig traumatisierte Mutter hatte bei ihren engsten Angehörigen Zuflucht gefunden, als wir zu dritt begannen, den Beschuldigten zu vernehmen. Dem Hauptsachbearbeiter gelang es rasch, mit ihm ins Gespräch zu kommen. Die schriftliche Vernehmung dauerte etliche Stunden, in der Eugen M. über seine Familie und sein Leben berichtete. Allerdings bestritt er, etwas mit der Tat zu tun zu haben. Als er auf die zahlreichen Blutspuren am Tatort hingewiesen wurde, die zweifellos von ihm stammten, versuchte er, diese mit starkem Nasenbluten zu erklären, das er einige Tage zuvor während eines Besuchs gehabt habe. Während einer kurzen Pause hielt ich ihm vor, dass seine Erklärungen vollkommen unglaubwürdig seien, zumal auch an den Leichen der Kinder tatrelevantes DNA-Material gesichert worden sei, das zweifelsfrei von ihm stamme. Da erkundigte er sich lauernd: »Meinen Sie Blutspuren im Mund?« Davon hatte ich kein Wort gesagt. Tatsächlich aber waren im Mund eines der Opfer DNA-Spuren des Beschuldigten nachgewiesen worden, die vermutlich entstanden waren, als das Mädchen seinen Peiniger im Todeskampf gebissen hatte. Davon aber konnte nur der Täter etwas wissen.

Trotz aller Hinweise auf die erdrückende Spurenlage war Eugen M. nicht dazu zu bewegen, ein Geständnis abzulegen. Einmal allerdings dachte ich, nun wäre es so weit, denn er kündigte an, dass er uns doch noch etwas sagen müsse. Innerlich angespannt, erkundigte sich mein Kollege mit ruhiger Stimme, was er uns denn mitteilen wolle. Doch statt des erhofften Geständnisses beschwerte sich Eugen M. nur darüber, dass er »in seinem ganzen Leben« noch nie so einen schlechten Kaffee getrunken habe wie unseren ...

Nach rund sieben Stunden beendeten wir die Vernehmung und brachten den Beschuldigten in die Haftanstalt ins Polizeipräsidium. Dort würde der Ermittlungsrichter noch am selben Tag darüber entscheiden, ob die vorliegenden Verdachtsmomente und die Beweise gegen Eugen M. ausreichten, um den Haftbefehl gegen ihn aufrechtzuerhalten. Weder meine Kollegen noch ich hatten auch nur den leisesten Zweifel daran, dass er in Haft bleiben würde. Erwartungsgemäß eröffnete ihm der Ermittlungsrichter denn auch den Haftbefehl wegen der Tötung von Jeanette und Vanessa. Eugen M. kam in Untersuchungshaft. Dabei zeigte sich erneut, wie unglaublich zynisch und gefühlskalt dieser Mann war. Kurz nach der Haftbefehlseröffnung forderte er uns über die Beamten der Haftanstalt auf, ihn umgehend in seiner Zelle aufzusuchen, er wolle mit uns reden. Sofort machten sich zwei Kollegen meiner Kommission auf den Weg in die Innenstadt. Doch wieder hofften sie vergeblich auf ein Zeichen der Reue, der Betroffenheit oder gar auf ein Geständnis. Stattdessen erkundigte sich Eugen M. in vorwurfsvollem Ton danach, wie der FC Bayern gespielt habe. In dieser Sch...zelle gebe es ja weder ein Radio noch einen Fernseher! Mit keiner Silbe erkundigte er sich indes nach seiner Schwägerin Susanne. Die Beamten trauten ihren Ohren kaum. Nur um sie nach dem Ergebnis eines Fußballspiels zu fragen, hatte sie der Beschuldigte durch die halbe Stadt fahren lassen?

Unser Ermittlungsansatz konzentrierte sich nun ganz auf die Person des Beschuldigten. Zahlreiche Bekannte aus seinem Umfeld wurden vernommen, darunter auch seine Arbeitskollegen. Dabei stellte sich heraus, dass Eugen M. am Morgen nach der Tat eine stark blutende Verletzung an seiner Arbeitsstelle neu verbunden hatte. Aus Unachtsamkeit, so sagte er, habe er sich mit der Hand an etwas Scharfkantigem geschnitten.

Bei der Hausdurchsuchung wurde eine Quittung über den Kauf eines Seiles gefunden. Es war kurz vor dem Doppelmord in einem Baumarkt erworben worden und glich exakt dem Seil, das einem der Opfer um den Hals geschlungen war. Auch gelang es unseren Spurenexperten nachzuweisen, dass die am Tatort zurückgelassene Fahrradlampe ohne jeden Zweifel zum Haushalt des Beschuldigten gehörte. Und schließlich stammten die rund einhundertfünfzig tatrelevanten Spuren am Tatort, an den Tatwerkzeugen und an den Leichen der Kinder mit absoluter Sicherheit von Eugen M.

Ein Experte unseres Wirtschaftsdezernates nahm sämtliche finanziellen Belange des Beschuldigten und seiner Familie unter die Lupe. Nach und nach zeichnete sich dabei ab, dass Eugen M. sich mit dem Hauskauf finanziell übernommen hatte. Seine Schwägerin Susanne hingegen verfügte nach seiner Einschätzung über ein Immobilienvermögen von vermutlich rund einer halben Million Euro. Schon mit einem Teil dieser Summe hätten sich seine erdrückenden Schulden spielend begleichen lassen. Eugen M.s Frau Astrid und ihre Schwester Susanne hatten bereits vor längerer Zeit von ihrer Mutter gemeinsam eine kleine Wohnung geerbt. Auf wiederholtes Drängen Astrids hatte sich Susanne schließlich mit dem Verkauf dieser Wohnung einverstanden erklärt, wobei der Erlös zwischen den beiden Schwestern geteilt werden sollte. Allerdings sah Susanne keine besondere Eile für den Verkauf, weshalb sich dieser immer wieder verzögerte. Eugen M. und Astrid hatten jedoch mit dem Geld fest gerechnet und ihr Finanzgebaren auf diese zeitnah erhoffte Summe ausgerichtet. Mit der Zeit waren sie finanziell immer mehr in Bedrängnis geraten. Entsprechende Mahnungen wurden bei der Hausdurchsuchung vorgefunden.

Irgendwann reifte in Eugen M. dann ein teuflischer Plan: Würden Susanne und ihre beiden Töchter ums Leben kommen, so fiele deren gesamtes Vermögen seiner Frau Astrid als Alleinerbin zu – und er wäre alle finanziellen Sorgen mit einem Mal los. So entschloss er sich, alle drei zu ermorden.

Am Abend der Tat wartete er, bis seine Frau eingeschlafen war, und schlich sich dann aus dem Haus. Eine knappe Dreiviertelstunde später erreichte er die Wohnung seiner Schwägerin. Er wusste wohl, dass sie erst nach Mitternacht zurückkehren würde. Aufgrund der unversperrten Tür war es ihm ein Leichtes, in die Wohnung zu gelangen. Er hatte nicht damit gerechnet, dass beide Mädchen aufwachen würden, und so kam es zu einem schrecklichen Kampf, bei dem er sich durch die verzweifelte Gegenwehr der Kinder eine stark blutende Verletzung zuzog. Dennoch war er offenbar weiterhin fest entschlossen, nun auch den zweiten Teil seines Planes zu Ende zu bringen, die Ermordung seiner Schwägerin. Er ließ Wasser in die Badewanne, stellte eine Küchenmaschine neben die Wanne, zerstörte die Lichtleitung am oberen Treppenabsatz und legte ein Betäubungsmittel bereit.

Wie lange Eugen M. letztlich in der Wohnung auf sein drittes Opfer gewartet hatte, ließ sich nicht klären. Aber vermutlich hat es Susanne K. das Leben gerettet, dass die Feier in der Gaststätte länger als geplant dauerte.

Ziemlich genau ein Jahr nach der Tat wurde die Verhandlung gegen Eugen M. vor dem Münchner Schwurgericht eröffnet. Dabei offenbarte der Angeklagte in den vierzehn Verhandlungstagen seinen widerwärtigen Charakter. Amüsiert, lachend, respektlos in der Anklagebank lümmelnd, so, als ginge es nicht um den grausamen Tod zweier unschuldiger Kinder, die er umgebracht haben sollte, verfolgte er den Prozess. Mitunter verhöhnte er seine Opfer sogar auf unerträgliche Weise, etwa, als er sich auf eine Frage des Gerichts feixend zu den Zuhörern im Gerichtssaal umwandte und antwortete: »Das müssen Sie die Jeanette schon selber fragen ...«

Der ungeheure Zynismus und die unglaubliche Gefühllosigkeit führten immer wieder zu empörten Rufen aus den Reihen der Prozessbeobachter, und in den Medien wurde das Bild eines egozentrischen Monsters gezeichnet, das aus purer Habgier seine beiden Nichten zu Tode gequält hatte.

Dutzende Zeugen wurden im Laufe des Verfahrens angehört. Als die Gutachten zu den Verletzungen der beiden Mädchen in allen unfassbaren Details von den Rechtsmedizinern vorgetragen wurden und die Sachbearbeiterin des Erkennungsdienstes die Film- und Fotoaufnahmen vom Tatort und von den Obduktionen der beiden schmächtigen Kinder auf die Leinwand projizierte, verließen viele Zuhörer weinend den Gerichtssaal.

Endlich aber fanden die kaum zu ertragenden Widerwärtigkeiten des Angeklagten vor Gericht ihr Ende. In der an Deutlichkeit nicht zu überbietenden Begründung und ohne den geringsten Hauch eines Zweifels wurde Eugen M. vom Schwurgericht zu lebenslanger Haft wegen Mordes an Jeanette und Vanessa verurteilt. Außerdem erkannte das Gericht auf die besondere Schwere der Schuld. Damit schlossen sich für mindestens fünfundzwanzig Jahre die Gefängnistüren hinter einem der grausamsten und gefühlskältesten Kindermörder der Münchner Kriminalgeschichte.

Zur falschen Zeit am falschen Ort

An einem Samstagabend im November, für die Jahreszeit war es noch sehr mild, hatten es sich fünf junge Menschen, zwei Frauen und drei Männer, in einem Lokal im Münchner Osten gemütlich gemacht. Die fünf waren mit dem Kellner befreundet, sie aßen eine Kleinigkeit und tranken das eine oder andere Gläschen Rotwein, die Stimmung war entsprechend ausgelassen. Aber keiner zeigte aufgrund des Alkohols Ausfallserscheinungen oder war gar betrunken. Um zwei Uhr morgens brachen sie auf, und da um diese Zeit eine Heimfahrt mit öffentlichen Verkehrsmitteln sehr umständlich gewesen wäre, baten sie den Wirt, ein Taxi zu bestellen. Der Taxistand lag nicht weit entfernt, und so warteten sie im Freien. Am Verhalten der jungen Leute war nichts besonders Erwähnenswertes oder gar Außergewöhnliches. Als das Taxi kam, stellte sich heraus, dass es nur Platz für vier Fahrgäste bot. Missmutig forderte der Fahrer daher über die Zentrale ein Großraumtaxi an, ehe er unverrichteter Dinge wieder wegfuhr. Dass allerdings auch das Großraumtaxi, das knapp zehn Minuten später kam, wieder unverrichteter Dinge abziehen sollte, hatte andere Gründe.

Kurz nach halb drei weckte mich mein Bereitschaftshandy. Aus Rücksicht auf den Schlaf meiner Frau hatte ich es auf Vibrationsalarm gestellt; aber Sie können mir glauben, dass ein Handy, das auf einem Holztisch vor sich hin vibriert und herumrutscht, seinen Weckauftrag durchaus erfüllen kann.

Dummerweise fegte ich beim Griff nach dem Handy einen kleinen Bilderrahmen vom Nachttisch, meine Gemahlin wachte auf und teilte mir sogleich mit, dass mein Handy vibriere. Ich war ihr dankbar für den Hinweis. Als ich mich am Rand meiner Matratze abstützte, verspürte ich einen stechenden Schmerz im Handballen. Zumindest einen der Glassplitter des Rahmens hatte ich also bereits wieder gefunden – ganz ohne zu suchen. Doch was mir der Kollege des Kriminaldauerdienstes kurz darauf berichtete, ließ mich den Schmerz schnell vergessen. Vor einem Lokal hatte ein Bursche, der zu einer Dreiergruppe jüngerer Männer gehörte – darunter zwei Brüder, einer mit serbischer und der andere mit brasilianischer Staatsangehörigkeit –, plötzlich und ohne ersichtlichen Grund auf einen Kellner eingestochen und ihn dabei lebensgefährlich verletzt.

Der Kellner wurde gerade notoperiert. Leber und Magen waren verletzt. Da er einen hohen Blutverlust erlitten hatte, bestand Lebensgefahr; wie seine Überlebenschancen standen, ließ sich im Moment nicht abschätzen. Zwei der drei Täter, beide hatten ein Messer, waren im Rahmen der Sofortfahndung festgenommen worden. Wer von den beiden allerdings zugestochen hatte, war derzeit noch nicht bekannt. Von dem dritten fehlte jede Spur.

Nachdem ich die üblichen Personen verständigt und mich einer »Katzenwäsche« unterzogen hatte, machte ich mich auf den Weg zum Tatort. Der war schon von Weitem erkennbar an den rot-weißen Absperrbändern und an der Vielzahl der Streifenwagen, die kreuz und quer herumstanden. Der Außendienstleiter des zuständigen Polizeiabschnitts erwartete mich bereits und erstattete mir ausführlich Bericht.

Während die fünf Freunde auf das Großraumtaxi warteten, waren sie auf drei junge Männer aufmerksam geworden, die aus Richtung eines nahegelegenen S-Bahnhofs kamen. Ihr Grölen war nicht zu überhören, einer trat gegen ein abgestelltes Fahrrad und schlug auch gegen eine Fensterscheibe. Es war nicht zu verkennen, dass die Burschen aggressiv und auf Krawall aus waren.

Daher verständigten sich die Wartenden schnell darauf, die Randalierer in keiner Weise zu beachten und sich auf keinen Fall von ihnen provozieren zu lassen. Als die drei kurz darauf an der Gruppe vorbeikamen, drehte sich einer der Rowdys zu ihnen um und beobachtete sie misstrauisch. Allerdings setzte er seinen Weg fort und folgte den anderen beiden, wobei er jedoch rückwärts ging. Das wirkte irgendwie komisch, was einen der fünf zu einem ironischen, wenn auch leisen Kommentar veranlasste. Der »Rückwärtsgeher« war schon rund zehn Meter entfernt, als er mitbekam, dass man offenbar über ihn lachte. Sofort blieb er stehen und ging wieder auf die Gäste vor dem Lokal zu. In sehr aggressivem Tonfall wollte er wissen, ob man sich über ihn lustig gemacht habe. Einer der so Angesprochenen wiegelte sofort ab und versuchte, den jungen Mann vor sich zu beruhigen.

Dem aber kam die Situation offenbar gerade recht, denn ohne weitere Vorwarnung versetzte er seinem Gegenüber einen Faustschlag ins Gesicht. Der Getroffene setzte sich daraufhin zur Wehr und nach einem kurzen Gerangel brachte er den Angreifer zu Boden. Inzwischen waren die beiden Begleiter des Schlägers ebenfalls zurückgekommen. Ein Mädchen versuchte, auf den Jüngsten aus der Dreiergruppe einzuwirken, dass er seinen Freund beruhigen und wegbringen solle. Doch der Angesprochene reagierte nicht auf diese Bitte. Derweil gelang es dem Angreifer, sich wieder zu erheben. Und ehe einer der fünf Freunde recht begriff, was da vor sich ging, hielten zwei der Männer plötzlich ein Messer in der Hand. Der Schläger ging erneut auf den Mann los, der ihn zu Fall gebracht hatte. Der wich zurück und es gelang ihm, ein paar Schritte Abstand zu gewinnen. Unterdessen bedrohte der zweite Bewaffnete die anderen vier und fuchtelte mit seinem Messer herum. In einem weiten Bogen umrundeten inzwischen der ursprüngliche Aggressor und sein Opfer ein Trambahnwartehäuschen und gleich danach näherten sie sich wieder dem Lokal. Dort stand der Kellner, der aus dem Lokal gekommen war, um seine Gäste zu verabschieden. Zum gleichen Zeitpunkt realisierte der Verfolger offenbar, dass er den anderen wohl nicht mehr einholen würde, wobei sicherlich eine Rolle spielte, dass er – wie sich später zeigte – über ein Promille Alkohol intus hatte. Da geschah das Unfassbare: Ohne den geringsten Anlass und ohne jegliche Vorwarnung stieß er im Vorbeilaufen dem Kellner das Messer mit voller Wucht bis zum Anschlag in den Bauch.

Gleich danach forderte er seine beiden Kumpel auf abzuhauen. Während sich die fünf Gäste um ihren lebensgefährlich verletzten Freund kümmerten, suchten der Täter und seine Begleiter das Weite.

Ich ließ mir eine Liste mit den Namen der beteiligten und der unbeteiligten Zeugen geben und entschied, dass drei davon gleich noch hier an Ort und Stelle vernommen werden sollten. Dies übernahm der Kriminaldauerdienst, der in der Gaststätte Quartier bezog. Weitere fünf Zeugen wollte ich mit meinem Team im Anschluss selbst vernehmen.

Nachdem ich mir mit meinen beiden Kollegen einen genauen Überblick über den Tatort verschafft hatte, überließen wir ihn der Spurensicherung, die mittlerweile durch zwei zusätzliche Erkennungsdienstbeamte verstärkt worden war.

Jetzt kümmerte ich mich um die Suche nach der Tatwaffe und um die Befragung von Nachbarn. Der Außendienstleiter hatte das Gebiet, das durchkämmt werden sollte, inzwischen in einzelne Abschnitte aufgeteilt. Die Kräfte der Einsatzhundertschaft wurden von zwei Diensthundeführern und ihren vierbeinigen Streifenpartnern unterstützt. Allerdings gestaltete sich die Absuche des mutmaßlichen Fluchtwegs zwischen dem Tatort und dem etwa 500 Meter entfernten Ort der Festnahme als schwierig. Auf einer Seite lag das eingezäunte Gelände einer Brauerei, das auf der Innenseite des Zaunes mit einer dornigen und schier undurchdringlichen Hecke bewachsen war; außerdem führte der Fluchtweg über eine hohe Brücke, unter der die Gleise einer vielbefahrenen Eisenbahnstrecke verliefen. Vor allem Güterzüge verkehrten hier, wie wir erfuhren. Da wäre es ein Leichtes gewesen, auf der Flucht die Waffen von oben in einen der offenen Waggons zu werfen.

Da für unser Team die Zeit drängte (bis zum Vormittag mussten die Zeugen befragt und diverse Berichte geschrieben sein), veranlasste ich, die fünf Gäste gleich durch Streifenbesatzungen in unsere Vernehmungsräume im Polizeipräsidium zu fahren. Meine beiden Kollegen und ich brachen gleichfalls auf. Unterwegs hielten wir kurz bei dem Polizeirevier an, wo eine Beamtin des Erkennungsdienstes an den beiden Tatverdächtigen gerade Spuren sicherte. Vielleicht konnte damit der Nachweis für einen Kontakt zwischen dem Opfer und einem der beiden erbracht werden. Nachdem man die beiden fotografiert hatte, wurde ihre komplette Oberbekleidung sichergestellt.

Wir baten die Kollegin der Spurensicherung darum, die Fotos sogleich an unser Postfach zu senden. So würde es während der nun anstehenden Zeugenvernehmungen leichter möglich sein, anhand der Bekleidung bestimmte Handlungen den jeweiligen Personen konkret zuzuordnen. Denn aus Erfahrung wussten wir, dass sich Zeugen eher auffällige Kleidungsstücke einprägen als besondere Personenmerkmale. Aufgrund ihres Alkoholkonsums und ihrer Aggressivität war zu diesem Zeitpunkt mit keinem der beiden Beschuldigten ein Gespräch möglich. So blieb mir nur, sie nochmals eingehend über ihre Rechte zu belehren. Bevor wir unseren Weg ins Präsidium fortsetzten, veranlasste ich, bei beiden eine Blutentnahme durchzuführen und sie im Anschluss daran in die Haftanstalt des Polizeipräsidiums einzuliefern.

Die Vernehmung der Zeugen ergab leider keine übereinstimmenden Erkenntnisse über die Person des Messerstechers, sie hatten voneinander abweichende Erinnerungen, was seine Kleidung anbelangte. Und der Geschädigte selbst wurde noch operiert. Schließlich brachten Streifenbesatzungen die Zeugen nach Hause.

Bei unserem Kurzbesuch auf der Polizeiinspektion hatten uns die Kollegen darauf aufmerksam gemacht, dass auf dem Handy eines der Festgenommenen in kurzen Abständen Anrufe von stets derselben Telefonnummer eingegangen waren. Natürlich hatte man nicht abgehoben. Es lag jedoch nahe, dass es sich bei dem nächtlichen Anrufer um den flüchtigen dritten Mann handelte, der nun auf der Suche nach seinen Kumpanen war. Bereits wenige Stunden später hatten wir die Bestätigung für diese Annahme. Einer der beiden Tatverdächtigen räumte ein, dass es sich bei dem Flüchtigen um ihren Halbbruder handelte. Diese Information deckte sich mit den Erkenntnissen, die wir inzwischen aus der Auswertung der Handydaten gewonnen hatten. Noch am selben Nachmittag klickten die Handschellen auch um die Gelenke des Halbbruders.

Als ich lange nach Mitternacht endlich ins Bett fiel, hoffte ich inständig, dass uns zumindest die wenigen Stunden Schlaf bis zum Dienstantritt um sieben Uhr vergönnt sein würden. Bereits um fünf Uhr aber klingelte mein Handy erneut. Der Anrufer entpuppte sich als ein Beamter der Einsatzzentrale. Es war die Frage aufgetaucht, ob wir im aktuellen Fall die Berichte der uniformierten Unterstützungskräfte noch am selben Tag brauchen würden oder ob dies bis zum Beginn der nächsten Schichtfolge in ein paar Tagen Zeit hätte. Mir war natürlich klar, dass die Kollegen auch gern Feierabend machen wollten. Aber da wir für die bereits anberaumte Vorführung der Festgenommenen vor dem Ermittlungsrichter die Unterlagen komplett benötigten, mussten die Kollegen leider in den sauren Apfel beißen und ihre Berichte sofort erstellen. Danach fiel es mir schwer, wieder einzuschlafen. Kaum war es gelungen, entschied mein Wecker den Kampf um noch ein bisschen Schlaf zu seinen Gunsten. Dafür gönnte ich mir ein paar Minuten mehr unter der heißen Dusche, die meine Lebensgeister wieder wachrüttelte.

Das Ergebnis der Vorführung am frühen Sonntagnachmittag entsprach unseren Erwartungen: Gegen Marlin und Goran V. erließ der Ermittlungsrichter Haftbefehl wegen versuchten Totschlags an dem Kellner. Der – so hatten wir zu unserer großen Erleichterung erfahren – würde den Angriff überleben. Allerdings würden möglicherweise Folgen zurückbleiben, die sein Leben auf Dauer beeinträchtigen konnten.

Der siebzehnjährige Halbbruder der beiden, Firas M., wurde wieder aus der Haft entlassen. Gegen ihn ergab sich kein dringender Tatverdacht.

Im Laufe der nächsten Tage schien es so, als stehe der Fall vor seiner endgültigen Klärung. Der Verletzte hatte im Krankenbett anhand vorgelegter Wahllichtbildtafeln den Ältesten der drei Brüder, den fünfundzwanzigjährigen Marlin V., eindeutig als Täter identifiziert.

Der zwanzigjährige Goran V. gab bei seiner Vernehmung an, sich aufgrund seines Alkoholkonsums in der Tatnacht nicht mehr genau an die Situation erinnern zu können. Er glaube zwar nicht, dass er der Täter sei, aber wenn sein Bruder behaupte, dass er selbst nicht zugestochen habe, so vertraue er ihm blind. Marlin bestritt denn auch vehement, den Kellner angefallen zu haben. Schließlich kam es auf Veranlassung der Justiz zu einer direkten Gegenüberstellung zwischen den beiden Brüdern, die natürlich unter unserer Aufsicht erfolgte. Dabei erklärte Marlin seinem jüngeren Bruder, dass es ihm nichts ausmachen würde, die Tat zu gestehen und für Goran ins Gefängnis zu gehen. Er sei schließlich psychisch viel stärker. Da fragte Goran seinen Bruder Marlin, der ihm stets auch ein Vaterersatz gewesen war, ob er gesehen hätte, wie er, Goran, den Mann niedergestochen habe. Sollte das der Fall sein, so übernehme er für die Tat auch die Verantwortung. Auf gar keinen Fall werde er es zulassen, dass sein älterer Bruder für ihn ins Gefängnis gehe.

Marlin sah Goran lange an und dann sagte er seinem kleinen Bruder, dass er – Marlin – mit seinen eigenen Augen gesehen habe, wie Goran dem anderen das Messer in den Bauch rammte. Sichtlich getroffen von dieser Bestätigung seines Bruders dankte Goran dem anderen für seine Ehrlichkeit. Er könne sich zwar nach wie vor nicht daran erinnern, nun aber habe er die langen Jahre im Gefängnis wenigstens die Gewissheit, dass nicht sein unschuldiger Bruder für ihn die Strafe verbüßen müsse. Marlin versprach dem Jüngeren, ihn so oft wie möglich zu besuchen und ihm immer wieder zu schreiben.

Als die beiden wieder in ihre Zellen gebracht wurden, blickten mein Kollege und ich uns nachdenklich an. War das nur ein abgekartetes Spiel? Immerhin würde Goran gegebenenfalls nach dem Jugendstrafrecht verurteilt werden, während Marlin als Erwachsener mit der vollen Härte des Gesetzes zu rechnen hätte. Aber dann kamen Zweifel in uns auf: Was Goran gesagt und wie er auf die Antwort seines Bruders reagiert hatte, war nicht gespielt. Sollte also Marlin eiskalt die Trunkenheit seines jüngeren Bruders dazu ausnützen, diesen an seiner statt ins Gefängnis zu schicken?

In der Folgezeit ging mein Kollege, der den Fall als Sachbearbeiter führte, mit großem Engagement diesem ungeheuerlichen Verdacht nach. Immer wieder nahm er Kontakt mit den beiden Beschuldigten auf und sprach auch bei jeder sich bietenden Gelegenheit mit deren Familienangehörigen. Schließlich hatte der Verletzte ja ohne jeden Zweifel den Älteren als den Täter wiedererkannt.

Die Monate zogen ins Land und dann begann die Verhandlung. Aufgrund der Tatausführung lautete die Anklage nun auf versuchten Mord. Beide Brüder wurden aus der Haft zur Verhandlung vorgeführt. Marlin blieb hartnäckig bei seiner Darstellung, aber wir hatten als Zuschauer in dem Prozess mehr und mehr den Eindruck, dass er zusehends mit psychischen Problemen zu kämpfen hatte.

Am letzten Verhandlungstag dann erfolgte die große Überraschung: Marlins Geständnis, eingeleitet durch die Erklärung, dass er es nicht länger aushalte, mit anzusehen, wie sein jüngerer Bruder unschuldig leide. Er könne es einfach nicht mit seinem Gewissen vereinbaren, dass sein Bruder wegen einer Tat, die er gar nicht begangen hatte, im Gefängnis sitzen müsse. Dann wandte er sich direkt an seinen Bruder und entschuldigte sich bei ihm. Die Schwestern der beiden und Freunde der Familie verfolgten seit dem ersten Verhandlungstag als Zuschauer den Prozess. Man konnte ihnen die ungeheure Erleichterung ansehen, dass Marlin nun endlich die Wahrheit sagte.

Das letzte Wort hatte das Schwurgericht. Klar und deutlich fasste der Vorsitzende die unglaublich brutale Tat als das zusammen, was sie war: ein durch nichts, aber auch gar nichts provoziertes heimtückisches Verbrechen, dessen besondere Verwerflichkeit sich daran zeigte, dass das Opfer willkürlich ausgewählt worden war. Dass der Kellner den Angriff überhaupt überlebt hatte, verdankte er ausschließlich dem schnellen Eintreffen eines Notarztteams und den Fähigkeiten der Operateure in der Klinik. Trotzdem würde er sein Leben lang unter den Folgen der Tat leiden. Sein Schicksal war es, im falschen Moment am falschen Ort gewesen zu sein. Marlin V. nahm das Urteil ohne ersichtliche Regung an: zwölf Jahre Haft wegen versuchten Mordes. Womöglich war es sein spätes Geständnis, das ein noch höheres Strafmaß verhinderte. Für Goran V. erkannte das Gericht eine Freiheitsstrafe von einem Jahr und sechs Monaten für schuldangemessen, die mit der Verbüßung der Untersuchungshaft bereits abgegolten war. Goran V. verließ den Gerichtssaal als freier Mann. Ihr Halbbruder Firas M., der sich zunächst an der Beseitigung eines Messers beteiligt, später aber der Polizei gezeigt hatte, dass es in einem Nebenarm der Isar lag, erhielt drei Wochen Dauerarrest.

Marlin V.s Anwalt legte gegen das Urteil Berufung ein. Die Berufung wurde verworfen und damit wurde das Urteil rechtskräftig.

Die falsche Antwort

Der laue Herbstabend hatte die Menschen noch einmal in Scharen in die Biergärten und auf die Straßen gelockt. Auch zwei junge Pärchen aus Niederbayern hatten beschlossen, das milde Wetter für einen Ausflug zu nutzen. Sie wollten die Nacht in einer der zahlreichen Diskotheken im Münchner Osten verbringen. Allerdings waren sie für das Treiben in dieser Partymeile deutlich zu früh angereist, denn dort begann das eigentliche Leben erst nach Mitternacht. So lange aber wollten die beiden Freundinnen von Jan S. (22) und Josef P. (19) nicht warten, sie wollten nämlich noch eine Bekannte besuchen, bei der sie auch übernachten konnten. Deshalb trennten sich die beiden von ihren Begleitern. Dass dieser Abschied für Josef P. fast ein Abschied für immer geworden wäre, ahnte keiner der vier.

Gegen drei Uhr morgens und nach einigen Gläsern alkoholischer Getränke kam dann auch für die beiden Jungs vom Land der Zeitpunkt, wo sie genug vom Großstadtleben hatten. Sie verließen die Diskothek und traten den Rückweg zum Bahnhof an. Von dort wollten sie mit dem nächsten Zug, der hoffentlich nicht zu lange auf sich warten lassen würde, in ihre Heimat zurückfahren. Ihre Freundinnen wollten noch ein paar Tage in München bleiben.

Ob infolge der Dunkelheit, der genossenen Getränke oder auch nur wegen der Unübersichtlichkeit des Geländes: auf jeden Fall schlugen die beiden die entgegengesetzte Richtung zum Bahnhof ein. Sie folgten einer schmalen Teerstraße, die sanft anstieg und an langen Heckenreihen zu einem Firmenparkplatz führte. Der war um diese Zeit nur spärlich erleuchtet und wirkte wie ausgestorben. Es dauerte mehrere Minuten, ehe den Freunden auffiel, dass der Weg irgendwie anders aussah als der, den sie vor mehreren Stunden gekommen waren. Sie blieben unschlüssig stehen. Noch während sie beratschlagten, in welcher Richtung denn nun der Bahnhof zu finden sei, entdeckten sie mehrere jüngere Männer, die vor einer Hecke neben dem Parkplatz standen und sich unterhielten.

Jan S. und Josef P. traten erfreut näher. Sicher würde jemand aus der Gruppe ihnen den richtigen Weg zeigen können. Freundlich erkundigte sich Josef daher bei einem der Burschen danach. Doch anstatt zu antworten, stellte der Angesprochene zu Josefs Verblüffung die Frage, ob er Deutscher sei. Spontan antwortete er, ohne zu überlegen, mit Ja. Nun wandte der Mann sich an Jan und wollte von ihm dasselbe wissen. Jan erklärte, er komme zwar wie sein Freund aus Niederbayern und wohne dort seit seiner Kindheit, sei aber gebürtiger Pole. Noch ehe er sich erkundigen konnte, was die Frage denn überhaupt solle, wurde er von den jungen Männern unflätig beschimpft: »Du hast wohl gar keine Ehre im Leib, dass du dich mit einem Deutschen einlässt!« Vollkommen perplex von dieser unerwarteten Wendung blieben Jan und Josef unschlüssig stehen. Bevor sie recht begriffen, was da ablief, waren einige der Burschen schon auf Jan losgegangen und schlugen mit Fäusten auf ihn ein. Dabei wiederholten sie ihre Vorwürfe, dass es ehrlos sei, sich mit einem Deutschen abzugeben. Da erwachte Josef aus seiner Erstarrung: Wenn man Jan allein schon wegen der Freundschaft mit einem Deutschen beleidigte und sogar auf ihn einprügelte, so wollte er lieber nicht wissen, was man dann wohl mit ihm anstellen würde. Da Josef nicht die geringste Chance sah, seinem Freund gegen die Übermacht der Angreifer beizustehen, beschloss er, so schnell wie möglich zu den Hallen zurückzulaufen und von dort Hilfe zu holen. Er hatte nämlich beim Verlassen des Geländes ein paar muskulöse Vertreter eines privaten Sicherheitsdienstes gesehen, die dort für

Ruhe und Ordnung sorgten. Die würde er um Unterstützung bitten.

So schnell er konnte, rannte Josef los. Doch augenblicklich lösten sich drei Männer aus der Gruppe und setzten ihm nach. Er hatte bereits deutlich mehr als die Hälfte der Strecke zurückgelegt, als ihn der Erste einholte. Josef verspürte einen starken Schmerz zwischen den Schulterblättern, den er einem wuchtigen Fausthieb zuschrieb. Im gleichen Augenblick stellte ihm sein Verfolger ein Bein, sodass der Neunzehnjährige zu Boden stürzte. Der Aufprall war heftig, doch zu seinem Glück konnte Josef mit seinen Armen zumindest den Kopf vor dem Aufschlagen auf dem Asphalt schützen. Merkwürdigerweise aber schmerzten ihn weniger die Ellenbogen oder die Knie, mit denen er so unsanften Bodenkontakt gehabt hatte, sondern sein Rücken. Josef rappelte sich auf und drehte sich – noch halb am Boden kauernd – zu seinen Verfolgern um. Er erkannte trotz der düsteren Beleuchtung, dass es sich bei dem Angreifer, der ihn geschlagen und dann zu Fall gebracht hatte, um einen etwa dreißigjährigen Mann von mittlerer Statur und osteuropäischem Aussehen handelte. In diesem Augenblick holte ein recht großer und kräftig gebauter Bursche, der Josef bereits zuvor aufgefallen war, den anderen ein. Er ergriff diesen just in dem Moment, als der sich anschickte, auf Josef einzutreten, und zog ihn am Arm von seinem Opfer weg. Dabei redete er in einer fremdländischen Sprache und offensichtlich sehr aufgeregt auf seinen kleineren Kumpel ein. Josef war erleichtert, offenkundig Hilfe von dem großen Kerl zu erhalten, und wollte sich vollends aufrichten. Doch im selben Augenblick machte dieser einen schnellen Schritt in Josefs Richtung und trat ihm mit voller Wucht in den Bauch. Völlig überrumpelt von der vermeintlichen Sinneswandlung seines Gegenübers und benommen von den heftigen Schmerzen, sackte Josef wieder auf die Knie. Erneut trat ihm der Muskulöse in den Bauch, zwei Mal schnell hintereinander. Unterdessen hatte sich auch der erste Angreifer Josef wieder genähert und stiefelte nun seinerseits auf den Neunzehnjährigen ein. Da entdeckte der aus den Augenwinkeln seinen Freund Jan, der ganz in der Nähe ebenfalls mit mehreren Angreifern kämpfte, und rief ihm zu, er solle ihm helfen. Tatsächlich gelang es Jan, sich von seinen Gegnern zu lösen und in Josefs Richtung zu laufen.

Vermutlich war das der Grund, warum die beiden Angreifer Josef für einen winzigen Augenblick aus den Augen ließen. Diesen Moment nutzte Josef in seiner Angst aus, richtete sich trotz seiner Schmerzen auf, kam endgültig auf die Beine und rannte, so schnell er konnte, davon. Er erreichte – erneut verfolgt von seinen Peinigern – mit letzter Kraft den Rand des Diskothekengeländes. Dort brach er bewusstlos zusammen. Zu Josefs Glück hatten drei Wachmänner die Verfolgung bemerkt und waren der Gruppe entgegengeeilt. Sie sahen, dass Josef aus einer Wunde am Rücken heftig blutete. Es gelang den Männern des Sicherheitsdienstes, zwei der Verfolger noch an Ort und Stelle zu überwältigen und festzunehmen. Einer davon warf rasch ein Messer ins Gebüsch, wie ein Wachmann beobachtete, dem Dritten gelang die Flucht.

Auch Jan war mittlerweile bei seinem bewusstlosen Freund eingetroffen und kümmerte sich – zusammen mit anderen Helfern – um die stark blutende Verletzung. Seine Gegner hatten die Verfolgung aufgegeben, sobald der Sicherheitsdienst in das Geschehen eingegriffen hatte. Der sofort verständigte Notarzt diagnostizierte Minuten später einen tiefen Messerstich, der die Lunge durchdrungen und neben einem Pneumothorax auch starken Blutverlust bewirkt hatte. Für Josef bestand allerhöchste Lebensgefahr! Er wurde sofort in das nächstgelegene Krankenhaus eingeliefert, wo es den Ärzten gelang, durch eine Notoperation sein Leben zu retten.

Um kurz vor vier Uhr morgens verständigte mich der Kriminaldauerdienst. Bevor ich mich auf den Weg machte, legte ich meiner Frau einen Zettel neben die Kaffeemaschine: »Bin ausgerückt!« Die um diese Zeit noch menschenleeren Straßen brachten mich in weniger als zehn Minuten an den Tatort, wo sich die Besatzungen mehrerer Funkstreifen darum bemühten, die zahlreichen Nachtschwärmer vom abgegrenzten Bereich fernzuhalten. Das war mit erheblichen Schwierigkeiten verbunden, da Alkohol und vermutlich diverse andere, ebenfalls berauschende Mittel den Verstand manch eines Diskothekenbesuchers getrübt zu haben schienen. Die meisten ließen sich jedoch einfach wegschieben. Oder sie erkannten in den Menschen, die ihnen den Weg verstellten, nach intensivem Nachdenken die Polizei, der sie aus nachvollziehbaren Gründen dann gern aus dem Weg gingen. Wieder andere aber suchten Streit mit den uniformierten Kollegen und wollten partout quer über den Tatort laufen.

Ich hatte mein Fahrzeug ein Stück vor der Absperrung abgestellt, was sich jedoch sogleich als die nur zweitbeste Lösung erwies, als nämlich zwei Betrunkene Anstalten machten, mein Auto als Pissoir zweckentfremden zu wollen. Im letzten Augenblick gelang es mir, sie – selbstverständlich freundlich und leise – auf ihren Irrtum aufmerksam zu machen. Dankbar für meinen Hinweis entfernten sich die Herren sofort wieder. Danach folgte ich gerne der Empfehlung eines Wachmanns, mein Auto bei den anderen Dienstfahrzeugen innerhalb der Absperrung zu parken.

Von den Kollegen des Kriminaldauerdienstes, die bis zu unserem Eintreffen die Erstzugriffsmaßnahmen koordiniert hatten, erfuhr ich, dass es sich bei den beiden festgenommenen Personen um den dreißigjährigen Aserbaidschaner Alexej J. und um den zwanzigjährigen Montenegriner Bogdan S. handelte. Beide arbeiteten auf dem Bau, kamen aus den neuen Bundesländern und waren auf Montage in München.

Das Messer, das einer der Täter kurz vor der Festnahme in ein Gestrüpp geworfen hatte, war bereits aufgefunden und gesichert worden.

Jan S. hatte von der stark blutenden Verletzung am Rücken berichtet, die ihm aufgefallen war, als Josef sich vom Boden aufrappelte und er ihm gerade zu Hilfe kommen wollte. Angesichts der Wunde habe einer der Verfolger ein erfreutes »Wow« ausgerufen, ehe er seinem Opfer erneut nachsetzte.

Bei einem der beiden Festgenommenen hatte man die Visitenkarte einer kleinen Pension aufgefunden. Zunächst verweigerten die beiden jegliches Gespräch mit uns. Da es nahelag, dass die Täter dort wohnten, überprüften die Besatzungen mehrerer Zivilstreifen die Pension. Nach einigem Zögern räumte einer von ihnen schließlich ein, dass sie beide tatsächlich seit mehreren Wochen dort logierten, ebenso wie die anderen aus der Gruppe. Der Rest war mehr oder weniger Routine: Drei von ihnen wurden in der Pension angetroffen und ebenfalls festgenommen, darunter der einunddreißigjährige Montenegriner Slobodan A., der zu Beginn der Auseinandersetzung gleichfalls auf Jan S. eingeschlagen hatte. Wie die Ermittlungen ergaben, war Slobodan A. während seiner Flucht erneut straffällig geworden. Nur wenige hundert Meter vom Tatort entfernt traf er zufällig auf zwei Passanten, denen er ohne jeglichen Anlass im Vorbeilaufen mehrere wuchtige Faustschläge gegen den Kopf verpasste.

Das Schwurgericht beim Landgericht in München wertete die Tat als versuchten Mord. Alexej J. wurde deshalb zu zehn Jahren und sechs Monaten Freiheitsstrafe verurteilt. Bogdan S., zu dessen Gunsten das Gericht annahm, dass er den Messerangriff seines Kumpans nicht hatte vorhersehen können, erhielt zwei Jahre und sechs Monate Freiheitsstrafe wegen gefährlicher Körperverletzung. Josef P. aber hatte Glück im Unglück gehabt, dass die Angehörigen des privaten Sicherheitsdienstes so schnell reagiert und so beherzt eingegriffen hatten. Möglicherweise verdankt er ihnen sein Leben. Denn wer weiß, ob der zu diesem Zeitpunkt höchst aggressive Alexej J. in seiner Rage sonst nicht noch einmal zugestochen hätte.

Wohnungssuche mit tödlichem Ausgang

Manchmal gibt es in unserem Beruf als Mordermittler Fälle, die keine Chance auf eine Verfilmung hätten, würde man sie als Drehbuchautor für den ›Tatort‹ vorschlagen. Mit der Begründung, dass entweder die Handlung unlogisch oder das Tatmotiv völlig unglaubwürdig und damit auch dem Zuschauer nicht zu vermitteln sei. Und dennoch gibt es sie im wirklichen Leben, diese Taten, die so skurril und damit letztlich so unerklärlich sind, dass es mitunter einer Reihe von Zufällen bedarf, um auf die Lösung zu kommen.

Als mich an einem Freitag gegen 22 Uhr der Leiter unserer Bereitschaftskommission anrief, ahnten weder er noch ich, dass das Tötungsdelikt, von dem er mir berichtete, in diese Kategorie fallen würde.

Mieter eines Mehrfamilienhauses im Münchner Süden hatten kurz nach 21 Uhr die gellenden Schreie einer Frau im Treppenhaus vernommen. Daraufhin eilten einige aus ihren Wohnungen und fanden im Eingangsbereich des Hauses ihre Nachbarin Dagmar V. blutüberströmt auf dem Boden vor. Ein Nachbar beugte sich über sie und hörte noch, wie sie ihn mit leiser Stimme anflehte: »Ich verblute – holen Sie Hilfe ...« Das waren die letzten Worte im Leben von Dagmar V. Obwohl der Notarzt sehr schnell zur Stelle war, konnte er nichts mehr für sie tun. Wie sich zeigte, war die junge Frau durch zahlreiche Messerstiche getötet worden. Vom Täter fehlte jede Spur.

Am Tatort erwartete mich das vertraute Szenario: durch querstehende Funkwägen blockierte Straßen, rot-weiße Absperrbänder, überall Streifenfahrzeuge und zahlreiche uniformierte Kollegen, die nach Hinweisen auf den unbekannten Täter suchten. Meine Kollegen von der Bereitschaftskommission hielten sich bereits in der Wohnung des

Opfers auf. Da der Eingangsbereich, in dem Dagmar V. lag, für die Spurensicherung gesperrt war, konnte man das Anwesen nur über das Nachbarhaus und den gemeinsamen Keller betreten. Überall traf ich auf Kollegen der Schutzpolizei, die den Keller und die Tiefgarage nach verdächtigen Personen, Gegenständen und Blutspuren absuchten. Bislang jedoch ohne Erfolg. Nachdem mir in der Wohnung ein Kollege einen Überblick über seine bisherigen Erkenntnisse und die Maßnahmen der Erstzugriffskräfte gegeben hatte, vereinbarten wir Arbeitsteilung: Die Bereitschaftskommission sollte zusammen mit der Kapitalbereitschaft des Erkennungsdienstes die Tatortarbeit, also die Spurensicherung und die Vernehmung der Mieter, übernehmen, während ich mich um die Fahndungsmaßnahmen außerhalb des Hauses kümmern würde.

Dazu besprach ich mich kurz darauf mit den Einsatzleitern der Schutzpolizei. Bislang, so erfuhr ich, war noch niemand ermittelt worden, der etwas Verdächtiges beobachtet hatte. Das erschien mir auffällig, da die Straße zur Tatzeit durchaus noch belebt gewesen war. Immer wieder hatten Fußgänger von der nahen U-Bahn-Station das Anwesen passiert, und auf der gegenüberliegenden Straßenseite hatte man von den Balkonen einer mehrgeschossigen Häuserzeile ungehinderte Sicht auf den Tatort. In fast allen Fenstern brannte Licht, und man konnte doch davon ausgehen, dass der eine oder andere auf die Schreie hin nach draußen gesehen hatte. Doch die Befragung hatte nichts ergeben.

Am Tatort hatte man eine abgebrochene Messerklinge gefunden, vom Messergriff hingegen fehlte jede Spur. Es war nicht auszuschließen, dass der Täter dieses verräterische Griffstück auf seinem – uns unbekannten – Fluchtweg weggeworfen hatte. Daher verständigte ich die Feuerwehr, die die Grünflächen rings um die Häuserzeile mit mehreren starken Scheinwerfern taghell ausleuchtete. Zudem forderte ich über unsere Einsatzzentrale Mantrailing-Hunde an.

Nachdem die Hunde mit großem Eifer, aber leider erfolglos ihre Absuche beendet hatten, begannen Beamte der Einsatzhundertschaft damit, ihrerseits nochmals das gesamte Areal zu durchkämmen. Auch Straßengullis, Müllcontainer und Kellerschächte wurden mit einbezogen – doch es wurde nichts gefunden, was einen möglichen Zusammenhang mit der Tat nahegelegt hätte.

Aus der Vernehmung des Lebensgefährten von Dagmar V. war inzwischen bekannt, dass sie wie jeden Freitagabend ein Fitnessstudio besucht hatte. Da neben dem Opfer eine Sporttasche gelegen hatte, war Dagmar V. wohl auf dem Heimweg von ihrem Training von dem Mörder überrascht worden. Möglicherweise hatte der Täter bereits im Studio Kontakt mit ihr aufgenommen oder er war ihr vielleicht von dort aus gefolgt. Eine Zivilstreife nahm im Fitnessstudio sofort entsprechende Nachforschungen auf. Die Trainerin hatte zwar bereits Feierabend, konnte aber zu Hause erreicht werden. Aus ihrer Befragung ergab sich keinerlei Hinweis auf einen Begleiter oder eine Begleiterin; auch an Dagmar V.s Verhalten war an diesem Abend absolut nichts Ungewöhnliches festzustellen gewesen.

Da Dagmar V. üblicherweise mit der U-Bahn zum Training gefahren war, veranlasste ich über den Kriminaldauerdienst, dass die Videoaufzeichnungen sämtlicher in Frage kommender U- und S-Bahnhöfe gesichert würden. Die Auswertungen der Kameras ergaben später, dass das Opfer seinen Weg nach Hause allein angetreten hatte.

Weit nach Mitternacht schien es dann so, als ob sich doch noch eine heiße Spur ergeben könnte: Ein Pärchen war nach einem Konzertbesuch gerade nach Hause gekommen. Ihr Wohnhaus lag an einer Querstraße, hatte aber eine gemeinsame Tiefgarage mit dem Tatortanwesen. Die jungen Leute hatten das große Aufgebot an Polizeifahrzeugen natürlich bemerkt und bei einem Beamten nachgefragt. Als die beiden kurz darauf ihr Treppenhaus betraten, bemerkten sie vereinzelte Blutstropfen auf den Steinstufen der Treppe, die erst im dritten Stock endeten. Sie teilten ihre Entdeckung sofort einem Polizisten mit, die Spur wurde umgehend überprüft und das Ergebnis mit großer Spannung erwartet. Doch leider handelte es sich um einen Fehlalarm, denn die Blutstropfen stammten von einem Bewohner, der mehrere Stunden vor der Tat starkes Nasenbluten gehabt hatte.

Die Vielzahl der Stiche und die Schwere der Verletzungen von Dagmar V. deuteten darauf hin, dass der Täter möglicherweise in ihrem Umkreis zu finden war, zeigt doch die kriminalistische Erfahrung, dass sich abgewiesene Verehrer oder Partner, die sich nach einer Trennung an dem, der sie verschmäht oder verlassen hat, rächen wollen, oft zu einem völligen Übermaß an Gewalt hinreißen lassen. Man spricht kriminologisch dabei von einem »Übertöten«, was heißt, dass viel mehr Gewalt angewendet wird, als zur Tötung erforderlich wäre. Das war auch bei der Obduktion von Dagmar V. festgestellt worden.

Nachdem sich bereits am Tag darauf abzeichnete, dass sehr schwierige und auch sehr umfangreiche Ermittlungen anstanden, wurde bei unserer Dienststelle eine Sonderkommission eingerichtet. Ein Lichtblick war, dass es den Kollegen des Erkennungsdienstes gelungen war, am Tatort und am Opfer ein DNA-Muster zu sichern, das vom Täter stammen musste. Damit hatten wir ein unschätzbares Hilfsmittel an der Hand, um den Täter anhand seines genetischen Fingerabdrucks zu überführen – sofern wir im Rahmen der Ermittlungen auf ihn stoßen würden. Leider war der sofort erfolgte Abgleich des Musters mit dem Bestand der Datenbank des Bundeskriminalamtes negativ ausgefallen. Immerhin wussten wir jetzt, dass es sich bei dem Täter um einen Mann handelte. Der Täter war bislang weder erkennungsdienstlich erfasst, noch war sein DNA-Muster an einem anderen Tatort festgestellt worden. Immerhin aber bot sich nun die Möglichkeit, bei allen männlichen Personen aus dem Umfeld des Opfers einen DNA-Abgleich mit den Tatortspuren zu machen.

In den nächsten Tagen wurde das gesamte Umfeld von Dagmar V. – bis weit zurück in ihre Schulzeit – minutiös durchleuchtet. Ihre Rechner am Arbeitsplatz und zu Hause und ihre gesamten Telekommunikationsdaten wurden durchforscht, doch es ergab sich kein Hinweis auf ein Tatmotiv, alle Überprüfungen verliefen im Sande. Angehörige, Freunde und Kollegen, die unter dem Verlust der sehr beliebten jungen Frau litten, mussten nun auch noch die quälenden und oft schmerzlichen Vernehmungen ertragen und die Abgabe einer Speichelprobe über sich ergehen lassen. Doch so sehr sich die Mitglieder der Soko auch bemühten und so bereitwillig alle Befragten versuchten, der Polizei bei der Klärung der schrecklichen Tat zu helfen – es ergab sich nicht der allergeringste Ansatzpunkt für ein Motiv oder gar eine Spur, die zum Täter geführt hätte.

Schließlich waren weit über zweihundert Personen überprüft und mehr als zwölfhundert Spuren ausgewertet worden. Außerdem gab es diverse Hinweise aus der Bevölkerung auf »verdächtige« Personen. Darunter befand sich mit der Spurennummer 13 auch der Hinweis eines Polizeibeamten, der in der lokal zuständigen Polizeiinspektion arbeitete. Er wies auf einen Sonderschüler namens Leopold Z. hin, 18 Jahre alt, der ihm im Vorjahr aufgefallen war, weil er sich illegal eine Waffe besorgen wollte, »um damit jemand zu überfallen«. Der Kollege beschrieb Leopold Z. als psychisch auffälligen Sonderling. Der Hinweis war zur Überprüfung an ein Ermittlerteam der Soko weitergegeben worden.

Der junge Mann wurde schriftlich vorgeladen, blieb dem genannten Termin jedoch unentschuldigt fern. Zwei Versuche ihn zu Hause anzutreffen, schlugen fehl. Als auch eine weitere Vorladung unbeachtet blieb, wurde beschlossen, den Schüler jetzt mit Nachdruck zur Vernehmung zu bitten.

Drei Wochen waren seit der Tat vergangen, als zwei Kollegen der zuständigen Polizeiinspektion in den Morgenstunden an seiner Wohnung klingelten. Eine Frau ließ die Beamten ein, Leopold wurde aus seinem Zimmer geholt und gebeten, die Beamten zur Vernehmung zur Mordkommission zu begleiten. Leopold Z. erklärte sich einverstanden, wollte zuvor aber noch kurz ins Bad gehen. Was genau dem Kollegen in diesem Augenblick am Verhalten des jungen Mannes merkwürdig vorkam, konnte er später selbst nicht mehr erklären. Wahrscheinlich trug seine langjährige Berufserfahrung das Ihrige dazu bei, dass er den Schüler darum ersuchte, zuvor einen Blick in das Badezimmer werfen zu dürfen.

Der Kollege ließ seinen Blick routiniert durch den Raum wandern und entdeckte in einer Ecke einen Gegenstand, dessen Anblick ihn sofort elektrisierte: Denn hinter einem Stapel von Handtüchern sah er den abgebrochenen Griff eines Küchenmessers auf einem Regal! Auf dem Boden lag außerdem ein Kleidungsstück mit einer roten Anhaftung, die von einer blutenden Verletzung stammen konnte. Misstrauisch wandte sich der Beamte an Leopold Z. und erkundigte sich, was es mit dem abgebrochenen Messergriff auf sich habe – und bekam zu hören, das habe mit dem Tod der jungen Frau in seiner Nachbarschaft zu tun. Nach einer weiteren Rückfrage hatte der Kollege keinen Zweifel mehr daran, dass Leopold Z. für den Mord an Dagmar V. verantwortlich war. Leopold Z. wurde festgenommen und später in unserer Dienststelle von erfahrenen Kollegen vernommen. Er gestand die Tat. Was er aber zu seinem Motiv sagte, dürfte in der deutschen Kriminalgeschichte einmalig sein: Leopold Z. hatte seit Langem geplant, sich eine eigene Wohnung zu suchen, um ein selbstständiges Leben führen zu können. Da er sich aber keine Wohnung leisten konnte, entstand in seinem Kopf der Plan, einfach jemanden zu töten, um dann dessen Wohnung zu übernehmen. Ursprünglich hatte er es auf ein männliches Opfer abgesehen; doch nachdem die Polizei auf seine Versuche, sich eine Waffe zu besorgen, aufmerksam geworden war, änderte er sein Vorhaben. Eine Frau würde er mit einem Messer töten und ihren Widerstand ohnehin leichter überwinden können.

Eines Abends war es dann so weit: Leopold Z. verließ mit einem großen Messer seine Wohnung. Dass genau in diesem Moment Dagmar V. auf dem Heimweg von ihrem Fitnesstraining in sein Blickfeld geriet, war nichts als ein grausamer Zufall. Leopold Z. hatte Dagmar V. noch nie zuvor gesehen.

Als Dagmar V. ihr Wohnhaus erreicht und die Eingangstür aufgesperrt hatte, huschte Leopold Z. hinter ihr in den Vorraum. Ohne die geringste Vorwarnung und vermutlich auch ohne von ihr gesehen zu werden, stach er auf sein argloses Opfer ein, mit wuchtigen Stichen, wieder und immer wieder. Ihre gellenden Schreie wurden schnell leiser. Irgendwann realisierte Leopold Z. dann wohl, dass die Messerklinge im Körper seines Opfers abgebrochen war, und auch, dass sich Nachbarn aus den oberen Stockwerken näherten. Da erst ließ er von seinem Opfer ab und flüchtete im letzten Moment.

Sein mörderischer Plan sah vor, einer x-beliebigen Frau zu folgen und sie zu töten, sobald sie ein Haus in der Nachbarschaft betrat. Danach wollte er ihren Schlüssel an sich nehmen und die Leiche in ihre Wohnung tragen. Dort würde er sie irgendwie aufbewahren und fortan in ihrer Wohnung leben.

Auf den Gedanken, dass in dieser Wohnung ja noch jemand anders anwesend sein oder das Opfer von Angehörigen schnell vermisst werden könnte, kam der Täter nicht. Es darf bezweifelt werden, dass Dagmar V. die erste Frau war, der er auf der »Suche nach einer Wohnung« gefolgt war. Vielleicht hatten andere Frauen nur das Glück, dass sie weiter weg wohnten und Leopold Z. die Verfolgung entnervt aufgegeben hatte. Oder dass sie ihren Hausschlüssel nicht gleich bei der Hand hatten und deshalb klingelten, weil sie wussten, es ist jemand zu Hause, der öffnen kann. Dagmar V. jedenfalls hatte dieses Glück nicht.

Leopold Z. wurde durch die psychiatrischen Gutachter für schuldunfähig erklärt und befindet sich seither in einer psychiatrischen Einrichtung.

Der Rosenmörder

Acht Stunden vor dem Ende unserer Bereitschaftswoche klingelte mein Diensthandy: In einer Wohnung im Osten Münchens war die Leiche einer Frau aufgefunden worden. Offensichtlich war sie mit mehreren Messerstichen in den Rücken getötet worden. Im Schlafzimmer hatte man einen weinenden Säugling entdeckt, der aber unverletzt war. Nachbarn hatten in der Nähe der Wohnung in den frühen Abendstunden den Exfreund der Getöteten gesehen, nach dem nun gefahndet wurde. Möglicherweise hatte er etwas mit der Tat zu tun; das aber war derzeit reine Spekulation.

Ich steckte noch geschwind zwei Äpfel in meine Bereitschaftstasche, bevor ich zum Einsatzort fuhr. Die Tatwohnung lag im Erdgeschoss eines vierstöckigen Mehrfamilienhauses. Vor dem Eingang stand eine Gruppe Personen, unter denen ich zwei Beamte des Kriminaldauerdienstes und den Außendienstleiter des zuständigen Schutzpolizeiabschnitts erkannte.

Nach einer kurzen Begrüßung erfuhr ich, dass eine Nachbarin des Opfers gegen 22 Uhr nach Hause gekommen war und dabei auf den Steinstufen der Treppe eine deutliche Blutspur entdeckt hatte. Diese schien an der Wohnung im Hochparterre zu enden, wo ihre Nachbarin, die dreißigjährige Masseurin Ana Teresa M. aus Bolivien, seit etwa zwei Jahren lebte. Von innen vernahm die Zeugin das Weinen eines Kindes. Beunruhigt klingelte und klopfte sie an der Tür, doch es wurde nicht geöffnet. Nur das Weinen des Kindes wurde lauter. Da rief die Frau die Polizei an und es wurden sofort mehrere Streifen zu der angegebenen Adresse entsandt. Da die Beamten ebenfalls vor verschlossener Tür standen, umrundeten zwei Polizisten das Haus. Vor den Fenstern der Wohnung verschränkte einer von ihnen seine

Arme zu einer Art »Räuberleiter«, sodass der andere Halt fand und die dahinterliegenden Räume ausleuchten konnte. Beim Blick in die Küche stockte ihm der Atem. Am Boden lag ausgestreckt eine Frau in einer großen Blutlache. Die Beamten stürmten daraufhin zurück zur Wohnungstür und traten diese mit den Füßen auf. Unterwegs hatten sie den Kollegen einer zweiten Streifenbesatzung zugerufen, dass man dringend einen Notarzt benötige.

In der Wohnung beugte sich einer der Polizisten sofort über die Frau und kontrollierte Atmung und Pulsschlag, der andere ging dem Weinen nach und fand den Säugling. Nach kürzester Zeit traf bereits die Notarztbesatzung ein, die keine fünfhundert Meter vom Tatort entfernt ihren Standort in einer Feuerwache hatte. Doch rasch stand fest, dass Ana Teresa M. bereits seit mehreren Stunden tot war. Nachdem der Notarzt bei dem kleinen Mädchen keinerlei Verletzungen feststellte, gaben die Polizisten den wenige Monate alten Säugling zunächst in die Obhut eines Ehepaars im Nachbarhaus, das sich um das Kind kümmerte, es wickelte und fütterte. Später brachte eine Streife das kleine Mädchen ins städtische Waisenhaus.

Das war der Stand der Dinge. Bereits beim Näherkommen war mir aufgefallen, dass an mehreren Fenstern der Tatwohnung außen rote Rosen an den Scheiben klebten. Im Stillen hatte ich mich darüber gewundert, dass jemand bereits so kurz nach der Entdeckung der Tat seine Anteilnahme so zum Ausdruck gebracht hatte. Doch ich erfuhr, dass die Fenster bereits mit Rosen geschmückt waren, als die Nachbarin nach Hause kam.

Durch das große Polizeiaufgebot waren mehr und mehr Nachbarn aufmerksam geworden, die sich in Grüppchen an der Absperrung versammelten. Ein jüngerer Mann meldete sich zu Wort: Er habe gesehen, wie gegen 19 Uhr der Exfreund des Opfers aus seinem Auto ausstieg; er habe einen großen Stoffbären in der Hand gehalten. Ob er das Haus tatsächlich betreten hatte, konnte der Zeuge nicht sagen. Dafür konnte er das Fahrzeug gut beschreiben und auch den Stoffbären. Eine weitere Zeugin bestätigte, dass der Exfreund der Ermordeten so ein Auto fuhr, und sie kannte auch seinen Namen: Es handele sich um den dreiundvierzigjährigen Klaus S., der mehrere Schuhgeschäfte in Niederbayern besitze. Die Frau wusste ferner zu berichten, dass es in der letzten Zeit immer wieder Streit zwischen Ana Teresa M. und Klaus S. gegeben hatte. Schließlich hatte sich Ana Teresa von ihm getrennt. Man munkelte in der Siedlung, dass Klaus S. auch der Vater von Ana Teresas Töchterchen sei.

Das waren wichtige Informationen. Aber auch der Hinweis auf den Teddybären stellte sich als wichtige Beobachtung heraus, denn in der Wohnung fand sich auf einer Kommode im Gang genau so ein Stofftier. In Absprache mit den Kollegen des Erkennungsdienstes betraten meine Kollegen und ich mit Plastiküberschuhen die Wohnung und wir verschafften uns einen ersten Überblick. Die Tote lag unverändert auf dem Fußboden in der Küche. Blutspuren an den Möbeln zeugten von der Heftigkeit des Angriffs. Die übrigen Zimmer wirkten ordentlich und waren einfach, aber geschmackvoll möbliert. Hier deutete nichts auf das Drama hin, das sich in der Küche abgespielt hatte. Das Kinderzimmer war liebevoll gestrichen und eingerichtet, es fehlte nichts, was man sich als Eltern für sein Baby wünschen würde. Nachdem wir einen Eindruck gewonnen hatten, überließen wir den Tatort den Kollegen. Einmal mehr war ich froh, dass es nicht meine Aufgabe war, die Spurensicherung durchzuführen.

Nachdem ich mich vergewissert hatte, dass die Fahndung nach dem Exfreund und seinem Fahrzeug mit der erforderlichen Priorität lief, kümmerte ich mich erst einmal um die merkwürdige Sache mit den Rosen. Zur Ausleuchtung des Areals forderte ich zwei Lichtmastfahrzeuge der Feuerwehr an, die kurz darauf alles in gleißendes Licht tauchten. Jetzt erkannte man, dass die Rosen mit Klebestreifen befestigt waren. Am Wohnzimmerfenster befand sich gleich ein halbes Dutzend roter Rosen an den Scheiben, die einen Zettel mit einer Botschaft an Ana Teresa einrahmten: »Lass nicht Stolz, Hass und Eifersucht in dir die Oberhand gewinnen. Denk als liebende Mutter, dass ein Kind doch auch den Vater braucht.« Wenn diese Nachricht wirklich vom Täter stammen sollte – und daran gab es kaum einen Zweifel –, so war sie an Zynismus wohl kaum zu überbieten. Aus dieser Botschaft ließ sich jedoch durchaus ein Motiv für den Mord an der jungen Frau ableiten.

Inzwischen waren zwei Staatsanwälte und eine Rechtsmedizinerin am Tatort eingetroffen. Noch während ich sie über die Lage unterrichtete, kam ein Kollege zu uns: »Eben hat die Einsatzzentrale mitgeteilt, dass Klaus S. im Bereich von Freising mit seinem Fahrzeug einen Unfall ohne Fremdbeteiligung verursacht hat. Das Fahrzeug ist nur noch Schrott, aber der Mann ist lediglich leicht verletzt.« Klaus S. hatte angegeben, er habe sich umbringen wollen, weil er eine Frau erstochen habe. Er nannte auch eine Adresse, die allerdings nicht mit dem Tatort übereinstimmte. Nachdem Klaus S. von einer Tat gesprochen hatte, die zu diesem Moment in der Öffentlichkeit nicht bekannt war, konnte es keinen Zweifel mehr geben; die Kollegen von der Autobahnpolizei nahmen ihn fest und fuhren mit ihm in die Klinik, um ihn medizinisch versorgen zu lassen, doch die Verletzungen stellten sich als nicht schwerwiegend heraus. Ich mochte mir nicht ausmalen, was wohl mit dem kleinen Mädchen geschehen wäre, hätte es nicht die verräterischen Spuren im Treppenhaus gegeben und hätte Klaus S. sein Vorhaben, sich umzubringen, erfolgreich beendet.

Inzwischen hatten wir auch erfahren, dass Klaus S. verheiratet war und zwei Kinder hatte. Sein offensichtlicher Suizidversuch ließ eine Befürchtung in mir aufkommen: Hatte der Mann womöglich nicht nur seine Geliebte, sondern auch seine Frau und die Kinder getötet? So etwas kommt leider immer wieder vor. Psychisch kranke Täter projizieren ihr eigenes Fehlverhalten und ihr Versagen auf ihre Angehörigen und weisen ihnen so die Schuld an ihrer scheinbar ausweglosen Situation zu. Aus Rache werden dann die vermeintlich Schuldigen getötet, ehe der Täter Suizid begeht. Kriminologisch spricht man in so einem Fall von einem »erweiterten Suizid«, wobei die Tat rechtlich natürlich ein Tötungsdelikt mit anschließendem Suizid des Täters ist. Daher ermittelten wir die Wohnanschrift von Klaus S., und die dort zuständige Polizeiinspektion fuhr sofort hin. Zu unser aller Erleichterung erhielten wir eine knappe halbe Stunde später die Nachricht, dass die Familie des Tatverdächtigen wohlauf sei.

Klaus S. war in der Nähe der Autobahnausfahrt Freising gegen eine Leitplanke gefahren. Von einem Abschleppunternehmen ließen wir das Fahrzeug nach München in die Verwahrstelle der Polizei transportieren. Um möglichst wenig Spuren zu vernichten, wurde das Unfallfahrzeug mit einer Plane abgedeckt und auf einen Lkw verladen. Bei Tageslicht würde das Fahrzeug dann von unserem Erkennungsdienst ausgewertet werden.

Nachdem Beamte der Einsatzhundertschaft mir das Ergebnis der Hausbefragungen mitgeteilt hatten – direkte Ohren- oder Augenzeugen der Tat waren nicht festgestellt worden –, verabschiedeten meine Mitarbeiter und ich mich von den Kollegen vor Ort. Mit der Rechtsmedizinerin hatten wir zuvor noch vereinbart, dass die Obduktion der Leiche am Morgen um 9 Uhr im Institut für Rechtsmedizin durchgeführt werden sollte. Der Tatverdächtige selbst wurde noch in derselben Nacht in eine Münchner Klinik verlagert.

Damit fuhren wir zu unserer Dienststelle. Zunächst galt es, Angehörige der Ermordeten ausfindig zu machen, um ihnen die Todesnachricht zu überbringen. Die Tote hatte, wie sich herausstellte, eine Schwester, die in München lebte. Zusammen mit einem Mitarbeiter des Kriseninterventionsteams übernahmen zwei Beamte der zuständigen Inspektion diese traurige Pflicht.

Nach und nach gelang es uns, die Hintergründe dieses Beziehungsdramas zu erhellen. Ana Teresa M. war vor einigen Jahren aus ihrer Heimat Bolivien nach Deutschland gekommen und hatte einen Deutschen geheiratet. Allerdings gab es Probleme in der Ehe und Ana Teresa M. trennte sich von ihrem Mann. Dann lernte sie Klaus S. kennen. Der war von der hübschen Bolivianerin sehr angetan und bot ihr eine Stelle als Verkäuferin in einem seiner Schuhgeschäfte an. Sie nahm an und allmählich entwickelte sich eine feste Beziehung zwischen den beiden. Klaus S. trennte sich daraufhin von seiner Familie und richtete Ana Teresa M. eine Wohnung in München ein. Nach einem gemeinsamen Besuch in der Heimat Ana Teresas erfuhr er, dass seine Freundin ein Kind erwartete. Nach der Geburt verbrachte das Paar viel Zeit miteinander. Dann aber kam es immer häufiger zu Spannungen und Differenzen, weshalb sich Ana Teresa M. schließlich von Klaus S. trennte.

Klaus S. aber wollte sich damit nicht abfinden, da er sehr am gemeinsamen Kind hing. Immer wieder versuchte er, Ana Teresa umzustimmen. Vergeblich. Sie berichtete in ihrem Bekanntenkreis davon, dass Klaus S. ihr ständig nachstelle. Stundenlang warte er vor ihrem Haus, nur, um sie in ein Gespräch zu verwickeln. Doch alle Versuche, Ana Teresa zurückzugewinnen, scheiterten. Ob Klaus S. zu dem Zeitpunkt, als er die Rosen und den Brief an die Scheiben von Ana Teresa M.s Wohnung klebte, schon vorhatte, sie zu töten, lässt sich mit letzter Sicherheit nicht mehr feststellen. Und auch nicht, ob Ana Teresa ihn am Abend ihres Todes selbst in ihre Wohnung eingelassen hatte. Denn einer Freundin soll sie anvertraut haben, dass ihr Klaus S. einen Wohnungsschlüssel entwendet habe. Vielleicht hatte sich der Tatverdächtige damit Zugang zur Wohnung verschafft. Und niemals geklärt werden wird auch die Frage, was sich in den Minuten vor der grausamen Tat in der kleinen Küche tatsächlich zugetragen hat. Denn Klaus S., gegen den Haftbefehl erlassen worden war, setzte Monate später in seiner Zelle seinem Leben selbst ein Ende. Eines Morgens wurde er tot aufgefunden, erhängt an seinem Bettgestell. Eine ermordete junge Mutter, ein Selbstmord, ein Säugling, der ohne seine Eltern aufwachsen muss, zwei Halbwaisen, alt genug, um das Schreckliche und die Sinnlosigkeit des Handelns ihres Vaters zu begreifen; das Leben von zwei Familien zerstört – das ist die unfassbare Bilanz dieses Grauens.

Das Schicksal des kleinen Kindes von Ana Teresa M. bewegte viele Menschen, die von der Tat aus den Medien erfahren hatten. Und so bleibt als einziger Trost die Gewissheit, dass das Kind eine neue Familie gefunden hat, in der es – das wünsche ich ihm von ganzem Herzen – in Geborgenheit und mit der Liebe aufwachsen wird, die ihm seine Mutter in der kurzen Zeit, die ihnen zusammen vergönnt war, so reichlich gegeben hat.

Der Tod kennt kein Erbarmen

Auf dem Rückweg von unserer Kantine kamen wir an diesem strahlenden Sommertag übereinstimmend zu der Erkenntnis, dass es derzeit bestimmt an ganz vielen Orten schöner wäre als in unseren heißen Büros. Zwei Tage zuvor hatte unsere Kommission die Mordbereitschaft übernommen. Wir hofften alle, dass die Woche ebenso ruhig verlaufen würde, wie es während unserer letzten Bereitschaft der Fall gewesen war: Denn da hatte man uns völlig in Ruhe gelassen, was – leider – eher ungewöhnlich ist.

Doch diese Hoffnung wurde bereits wenige Minuten später zunichte gemacht. Kaum hatte ich an meinem Schreibtisch Platz genommen und meinen Computer hochgefahren, als ein Kollege des Nachbarkommissariats für allgemeine Todesermittlungen mein Büro betrat. Nach einer kurzen Begrüßung wies er auf den Bildschirm und machte mich auf einen Einsatz aufmerksam, der gerade in einem ruhigen Vorort von München unter dem Schlüsselwort »Schüsse« anlief. Dies konnte zum Beispiel bedeuten, dass jemand Knallgeräusche wahrgenommen hatte, die er für Schüsse hielt (zumeist waren es dann nur Jugendliche, die mit Silvesterkrachern geworfen hatten); aber auch Fehlzündungen von Motoren lösten mitunter derartige Einsätze aus. Aber es konnte natürlich auch heißen, dass tatsächlich jemand mit einer scharfen Waffe geschossen hatte.

Letzteres stand bei dem vorliegenden Einsatz von vorneherein fest. Denn wie ich aus dem Text weiter ersehen konnte, hatten Passanten die Einsatzzentrale angerufen, weil sich soeben vor ihren Augen ein Mann auf offener Straße erschossen hatte. Kaum eine Minute später war bereits eine Streifenbesatzung am bezeichneten Ort eingetroffen, wo sie einen leblosen Mann vorfand; neben seiner Hand lag ein großkalibriger Revolver auf dem Asphalt. Noch während ein Beamter über die Zentrale einen Notarzt und Verstärkung anforderte, hielt eine völlig aufgelöste Frau die Besatzung eines zweiten Funkwagens an, der eben mit Sondersignalen in die Straße eingebogen war. Ein Mann habe gerade mehrere Male auf eine Arbeitskollegin von ihr geschossen. Die Kollegin sei voller Blut und bewege sich nicht mehr. Anschließend sei der Mann mit einer Waffe in der Hand Richtung Straße geflüchtet.

Während einer der Beamten über Funk einen zweiten Notarzt anforderte und der Zentrale die neue Lage mitteilte, folgte sein Streifenpartner der Frau in einen kleinen Park. Nach etwa fünfzig Metern stießen sie auf eine Gruppe von mehreren Personen, die vergeblich versuchten, eine leblos auf dem Rasen liegende Frau zu reanimieren.

Damit stand fest, dass aus unserer ruhigen Bereitschaftswoche nichts mehr werden würde. Ich rief die Kollegen meiner Kommission zusammen und informierte sie über den Sachverhalt. Dann telefonierte ich mit dem Einsatzleiter der Schutzpolizei, der die Absperrmaßnahmen vor Ort leitete. Er bestätigte, dass beide Personen tot waren. Nach allem, was bislang bekannt war, hatte der Mann die Frau, die sich wohl von ihm trennen wollte, zu einer Aussprache gebeten. Bei dem Treffen hatte der Täter dann mehrmals aus der Nähe auf das Opfer geschossen; die Verletzungen hatten augenblicklich zum Tod der Frau geführt. Ich kündigte unser Kommen an und bat ihn, dafür zu sorgen, dass am Tatort keine Veränderungen mehr vorgenommen würden. Bevor ich das Gespräch jedoch beenden konnte, teilte mir mein Kollege noch mit leiser Stimme mit: »So, wie es im Augenblick ausschaut, dürfte es sich bei dem Täter und Selbstmörder um einen Polizeibeamten handeln ...«

Tief betroffen blickte ich aus dem Fenster in den strahlend blauen Himmel. Einer von uns – ein Mörder?

Zehn Minuten später erreichte ich den Tatort. Die sonst

ruhige Wohn- und Geschäftsstraße war abgesperrt, zahlreiche Schaulustige hatten sich versammelt. Der Einsatzleiter der Schutzpolizei bestätigte mir, was ich bereits am Telefon erfahren hatte. Der mutmaßliche Schütze, der achtunddreißigjährige Franz W., war Streifenbeamter bei einer Münchner Polizeiinspektion. Mit der Toten, der sechsunddreißigjährigen Ramona F., hatte er eine gemeinsame Tochter, die noch in den Kindergarten ging. Franz W. hatte am Morgen des Tattages das kleine Mädchen bei Ramona F. abgeholt, um – wie üblich – diesen Wochentag mit seiner Tochter zu verbringen.

Ich wurde hellhörig und erkundigte mich, wo sich das Kind denn jetzt befinde. Doch zu meiner Verwunderung konnte mir keiner der Anwesenden darüber Auskunft erteilen. Seit der Tat war bereits mehr als eine halbe Stunde vergangen – aber niemand wusste, was Franz W. vor der Tat mit seiner Tochter gemacht hatte. Es bedurfte keiner übermäßigen Phantasie, um sich um das Leben des kleinen Mädchens Sorgen zu machen. Ich ordnete daher die sofortige Durchsuchung der Wohnungen von Franz W. und Ramona F. an; nötigenfalls sollten sie mit Gewalt geöffnet werden. Die Vorstellung, dass der Täter womöglich vor dem geplanten Mord an seiner Exfreundin und seinem Selbstmord auch der gemeinsamen Tochter etwas angetan hatte, ließ mich nicht mehr los. Daher sorgte ich dafür, dass weitere Streifenbesatzungen zu den Eltern von Ramona F. und Franz W. geschickt wurden, die nicht nur die schwere Aufgabe übernehmen mussten, den Angehörigen die schreckliche Todesnachricht zu überbringen, sondern auch nach dem Verbleib des kleinen Mädchens zu forschen.

Nachdem dies veranlasst war, ließ ich mir weiter über die bisherigen Erkenntnisse berichten. Ramona F. hatte sich bereits vor längerer Zeit von Franz W. getrennt, worunter er sehr litt. Vor allem auch, weil er befürchtete, dass ihm seine Tochter mehr und mehr entfremdet würde. Schließlich bereitete die Situation dem ansonsten als sehr zuverlässig und leistungsstark beschriebenen Franz W. so große psychische Probleme, dass er seine Ausbildung für den gehobenen Polizeidienst abbrechen musste.

Am Tattag hatte er sich mit Ramona F. vor ihrer Arbeitsstelle verabredet, es sollte wohl zu einer Aussprache über den weiteren Umgang mit seiner Tochter kommen. Ramona F. hatte vorgeschlagen, sich in einem nahegelegenen kleinen Park zu unterhalten. Möglicherweise, um im Falle einer Eskalation des Gespräches rasch wieder in einen für sie sicheren Bereich zurückkehren zu können. Ob sie allerdings tatsächlich befürchtet hatte, dass Franz W. gewalttätig werden könnte, oder ob dies eine reine Vorsichtsmaßnahme war, wird sich nie mehr klären lassen.

Einem Augenzeugen, dem ein Geschäft in der Nähe gehörte, war Franz W. aufgefallen, da er eine halbe Stunde lang ohne ersichtlichen Grund vor dem Laden in seinem Auto saß. Kurz vor der verhängnisvollen Begegnung mit Ramona F. hatte er das Fahrzeug dann hundert Meter weiter im Einmündungsbereich einer kleinen Querstraße geparkt. Der Fahrer war ausgestiegen und in Richtung des kleinen Parks gegangen.

Zur verabredeten Zeit traf sich Ramona F. vor der Firma mit Franz W. und ging mit ihm etwa fünfzig Meter weit in den Park hinein. Dabei wurden sie noch von Ramonas Arbeitskollegen gesehen. Die beiden unterhielten sich anschließend im Stehen auf einem kleinen Rasenstück unweit eines schmalen Flusses. Etwa zehn Minuten nachdem Ramona ihr Büro verlassen hatte, vernahmen ihre Kollegen aus dem Park eine schnelle Reihe von Schüssen. Als sie aus dem Fenster blickten, sahen sie Franz W. vorbeilaufen, der eine Pistole in der Hand hielt. Voller böser Vorahnungen rannten daraufhin zwei beherzte Mitarbeiter des Unternehmens in den Park; nicht wissend, was tatsächlich passiert war und ob der Mann mit der Pistole womöglich zurückkehren würde. Als sie ihre leblose und aus mehreren Wunden blutende Kollegin vorfanden, versuchten sie verzweifelt, sie mit Erste-Hilfe-Maßnahmen zu retten. Doch als der Notarzt eintraf, stand fest: Ramona F. war bereits tot.

Inzwischen war Franz W. zu seinem Fahrzeug gelaufen. Bauarbeiter, die in unmittelbarer Nähe dabei waren, einen Lkw mit einem Bagger zu entladen, beobachteten, wie er den Kofferraum des Pkw öffnete und daraus einen Gegenstand entnahm. Zu ihrem Schrecken erkannten sie, dass es sich um einen Revolver handelte. Noch ehe sie begriffen, was da vor sich ging, richtete der Mann die Waffe gegen seine Schläfe und drückte ab. In diesem Moment fuhr gerade ein Auto vorbei; der entsetzte Autofahrer wurde Zeuge des Geschehens. Franz W. war bereits tot, als er vor dessen Fahrzeug zu Boden fiel.

Kurz nachdem mein Kollege mit seinem Bericht zu Ende war, erreichte uns zu unser aller Erleichterung die Nachricht, dass man das kleine Mädchen wohlbehalten aufgefunden hatte. Der Täter hatte es vor seiner Tat zu Verwandten gebracht – er habe etwas zu erledigen.

Wie sich bei der Obduktion herausstellte, hatte Franz W. dem Opfer mehrfach aus seiner Dienstwaffe in den Rücken geschossen, wobei die Schüsse Ramona F. auf der Stelle getötet hatten. Den Revolver, mit dem er sich anschließend selbst richtete, hatte Franz W. legal in seinem Besitz gehabt.

Den Angehörigen des Kriseninterventionsteams, den Vorgesetzten von Franz W., aber auch meinen eigenen Kollegen und mir blieb die schwere Aufgabe, mit Angehörigen, Freunden und Kollegen des Opfers und des Täters sowie mit den traumatisierten Zeugen zu sprechen, sie zu trösten und zu begleiten. Doch niemand von uns wusste eine Antwort auf die so quälende Frage »Warum?«.

Nachdem der Handlungsablauf zweifelsfrei feststand und eine Beteiligung Dritter mit Sicherheit ausgeschlossen werden konnte, wurde das zunächst gegen Franz W. eingeleitete

Ermittlungsverfahren durch die Staatsanwaltschaft eingestellt. Dies sieht das Gesetz beim Tod eines Täters zwingend vor.

Das unendliche Leid aber, das durch die so sinnlose Tat über die Familien von Opfer und Täter, über Freunde und Kollegen hereingebrochen ist, lässt sich nie wieder ungeschehen machen. Denn der Tod kennt kein Erbarmen. Ich muss oft an das kleine Mädchen denken, das ihre Mama und ihren Papa auf so schreckliche Weise verloren hat. Das so tapfer auf dem Friedhof hinter dem Sarg ihrer geliebten Mama hergegangen ist. Ob sie jemals in der Lage sein wird zu verstehen – oder gar zu verzeihen?

Nächtliche Begegnung

Die Polizei ist wie kaum eine andere staatliche Institution aufgerufen und gefordert, ihre technische Ausrüstung und taktischen Methoden schnell und effektiv den rasanten Entwicklungen in unserer Gesellschaft anzupassen, auf nationale und internationale Rechtsprechung zu reagieren und vor allem auf die Globalisierung der Kriminalität. Als Beispiele seien der bargeldlose Zahlungsverkehr mit all seinen Tücken, die Internetkriminalität oder die Errungenschaften der modernen Kommunikationstechniken genannt, die neue Ermittlungsmöglichkeiten einerseits, andererseits aber auch Straftätern diverse neue Betätigungsfelder und Tatmittel bieten (derer sich Nachahmer dank effizienter Medienberichterstattung gern bedienen). Dazu muss immer wieder bisher Bewährtes auf den Prüfstand gestellt und an den Erfordernissen einer sich wandelnden Realität gemessen und nötigenfalls daran angepasst werden.

Mit so einem neuen Phänomen von Kriminalität sollten mein Team und ich erstmals im Sommer 2013 in einer lauen Sommernacht konfrontiert werden.

Um 3.30 Uhr erfolgte der Anruf des Kriminaldauerdienstes, und der Einsatz, der damit seinen Anfang nahm, war ein Novum für mich. Denn ich sollte mit meinem Team nach Schwaben ausrücken, wo es bei einem Polizeieinsatz zu einem tödlichen Schusswaffengebrauch durch einen Kollegen gekommen war. Zu diesem Zeitpunkt war in Bayern gerade eine Regelung in Kraft getreten, wonach – sobald jemand durch einen Polizisten verletzt oder gar getötet wird – ein anderer Polizeiverband ermitteln muss als der, dem der Schütze angehört. Entsprechend war die Mordkommission München auch in den Bereichen anderer Polizeipräsidien für die Aufnahme vor Ort zuständig. Beabsichtigt war, diese

Zuständigkeit in absehbarer Zeit generell auf das Landeskriminalamt zu verlagern. Doch so weit war es nach meinem Kenntnisstand noch nicht, was mir auf Rückfrage auch bestätigt wurde.

Nachdem ich mir den Einsatzort und die Erreichbarkeit der dortigen Polizeiführer notiert hatte, weckte ich meine Kollegen. Sie machten aus ihrer Verwunderung zwar keinen Hehl, verloren aber keine Zeit mit langem Nachfragen. Zuletzt bestellte ich die Mordbereitschaft unseres Erkennungsdienstes ebenfalls nach Schwaben, ehe ich mich auf den langen Weg machte. Nachdem ich die Autobahn verlassen hatte, folgte ich meinem Navigationsgerät über schmale Landstraßen und durch verschlafene Dörfer. In keinem der Häuser, die vorüberflogen, brannte Licht. Hier irgendwo musste der Begriff »wo sich Fuchs und Hase gute Nacht sagen« entstanden sein.

Schließlich erreichte ich die kleine Ortschaft, die zum Schauplatz des blutigen Ereignisses geworden war. In einer Neubausiedlung stieß ich auf die Kollegen des zuständigen Polizeipräsidiums, die den Tatort abgesperrt und auf die Mordermittler aus München gewartet hatten. Dem Einsatzleiter war anzumerken, dass er diese Situation noch nicht so recht einordnen konnte. Denn auch für ihn war es ungewohnt, dass plötzlich Beamte aus dem fernen München das Sagen haben würden. Doch die ersten Unsicherheiten verflogen schnell; wir beide waren Profis genug, um alle eventuellen persönlichen Befindlichkeiten aus unserer Arbeit herauszuhalten.

Die Tat war auf einem schmalen, geteerten Fahrweg geschehen, der zwischen Gartengrundstücken verlief, die von Hecken gesäumt waren. Schöne Einfamilienhäuser standen dort. Der Tatort selbst lag im Dunkeln, die Straßenbeleuchtung der Hauptstraße reichte nicht bis in den Weg hinein. Etwa zehn Meter von der Hauptstraße entfernt lag die zugedeckte Leiche eines Mannes auf dem Asphalt.

Ich erfuhr, dass eine Streifenbesatzung von ihrer Zentrale den Auftrag erhalten hatte, zu einem Anwesen an der Ringstraße zu fahren, dort randaliere ein Mann vor der Wohnungstür seiner Exgeliebten. Nach ihrem Eintreffen am Einsatzort hielten die Polizisten Ausschau nach dem Hinweisgeber und dem Randalierer. Die angegebene Hausnummer war aufgrund der ungewöhnlichen Anordnung der Häuser in der Siedlung nicht sofort zu finden. Bei ihrer Suche fuhren die Beamten schließlich in eine schmale Stichstraße und verließen ihr Fahrzeug, um zu Fuß und in getrennten Richtungen nach dem Wohnhaus und dem Störenfried Ausschau zu halten. Einer der Beamten folgte weiter dem Weg, während sein Kollege die Grundstücke in der Umgebung inspizierte. Da vernahm er plötzlich von der Hauptstraße her eine Stimme und ging ihr nach. Sein Kollege, den er informiert hatte, folgte mit einigem Abstand. Der vorausgehende Beamte erkannte beim Näherkommen einen Mann, der an einer kleinen Einfassungsmauer stand und in seine Richtung blickte. Da die Situation in der Dunkelheit unübersichtlich war, hielt der Polizist zur Eigensicherung seine eingeschaltete Taschenlampe in der einen und seine Dienstwaffe in der anderen Hand. Ob er bei der Polizei angerufen habe, erkundigte er sich bei dem Mann. Der bestätigte das und murmelte dann irgendetwas Unverständliches. Im nächsten Moment aber holte er aus seiner Jacke eine große Pistole hervor und richtete sie auf den Beamten. Dabei forderte er ihn auf, ihm seine Dienstwaffe zu übergeben. In dieser höchst gefährlichen Situation behielt der Angesprochene jedoch einen kühlen Kopf. Während er seinerseits seine Dienstwaffe ununterbrochen auf den Mann richtete und ihm gleichzeitig mit seiner Lampe ins Gesicht leuchtete, zog er sich Schritt für Schritt langsam in den dunklen Weg zurück, hin zu seinem Streifenwagen.

Der zweite Beamte hatte sich zwischenzeitlich ebenfalls dem Mann genähert. Erst jetzt sah er die Waffe in dessen

Hand und bemerkte, dass sein Streifenpartner zurückwich. Sofort griff er ebenfalls nach seiner Dienstwaffe. Er war gerade dabei, diese aus dem Holster zu ziehen, als der Mann vor ihm mit einer halben Drehung seine Pistole auf ihn anlegte. Dann verlangte er von ihm die Herausgabe seiner Waffe. Dieser Aufforderung wollte der Bedrohte auf keinen Fall nachkommen und versuchte stattdessen, seine Waffe wieder in sein Holster zurückzustecken. Aus welchem Grund auch immer: Er verpasste es und so landete die Dienstpistole auf dem Asphalt. Nun blieb dem Beamten nichts anderes übrig, als sich ohne seine Waffe ebenfalls zurückzuziehen. Er hatte kaum die Abzweigung zu einer Garageneinfahrt in Höhe des Polizeiautos erreicht, als der Täter plötzlich einen Schuss auf die beiden Beamten abfeuerte, die ohne Deckungsmöglichkeit frei in seinem Schussfeld standen. In dieser Situation höchster Lebensgefahr gab der erste Beamte aus seiner Dienstwaffe einen Schuss in Richtung des Angreifers ab. Dieser eine Schuss aber traf den Mann genau ins Herz. Er brach zusammen und starb, noch bevor der sofort alarmierte Notarzt am Einsatzort eintraf.

Inzwischen waren meine Kollegen und unsere Spurensicherung ebenfalls angekommen. Ich gab ihnen den Auftrag, den Tatort nach den Hülsen und den Projektilen abzusuchen, die Waffen sicherzustellen sowie die Frau zu vernehmen, die dem Anruf zufolge belästigt worden war.

Bei ihrer Tatortarbeit machten die Kollegen des Erkennungsdienstes zunächst eine verblüffende Feststellung. Denn bei der Waffe des Mannes handelte es sich um einen täuschend echten, aber nicht funktionsfähigen Nachbau einer halbautomatischen Pistole der Marke Glock 17. Der Schuss, den der Mann auf die Polizisten abgefeuert hatte, stammte offensichtlich aus der heruntergefallenen Waffe des Beamten.

Bei dem Erschossenen handelte es sich um den vierunddreißigjährigen Holger A., dessen Exfreundin tatsächlich an der angegebenen Adresse wohnte. Sie hatte jedoch nichts davon bemerkt, dass ihr Exfreund in der Nähe war, und schon gar nichts davon, dass jemand vor ihrer Wohnung angeblich randaliert hatte. Sie hatte geschlafen und war von den Sirenen der Einsatzfahrzeuge wach geworden.

Und dann machte sie eine nur schwer zu fassende Entdeckung: Sie fand eine SMS ihres Exfreundes, in der er ihr mitteilte: »Ich rufe jetzt die Bullen an und lasse mich erschießen!« Diese Nachricht hatte ihr Holger A. kurz vor der Tat geschickt, zu einem Zeitpunkt, als sie längst schon im Bett lag.

Wie die Ermittlungen eindeutig ergaben, hatte der Beamte in rechtmäßiger Notwehr gehandelt. Er hatte in der Situation keine andere Wahl mehr gehabt, als gezielt auf den Angreifer zu schießen. Dass ein Täter ankündigt, sich von der Polizei erschießen zu lassen, ist in Amerika seit langer Zeit unter dem Begriff »suicide by cop« bekannt und dort nicht selten. Damit wird umschrieben, dass Menschen Polizisten oder andere bewaffnete Hoheitsträger durch einen scheinbar oder tatsächlich lebensbedrohlichen Angriff in eine Notwehrsituation bringen, in der diese zur Pistole greifen. Im Extremfall erschießt der Angreifer einen oder mehrere Polizisten, um dessen Kollegen mehr oder weniger zu zwingen zurückzuschießen. Diese Situation war auch gegeben, als Holger A. mit der geraubten Dienstwaffe das Feuer auf die Beamten eröffnet hatte. Mir aber begegnete dieses Phänomen trotz meiner mehr als vierzigjährigen Dienstzeit zum ersten und Gott sei Dank auch letzten Mal.

Zwei Mal »lebenslänglich«

Im Laufe eines langen Berufslebens kommt man mit vielen Kollegen zusammen, von deren Erfahrung man lernen kann. Sei es bei Ermittlungen oder wie mit man mit der polizeilichen »Klientel« umgeht, um Aussagen und Geständnisse zu erlangen; aber auch, wenn es gilt, kritische Situationen zu deeskalieren. Wie erkennt man, dass Dinge anders sind, als sie zu sein scheinen, beziehungsweise dass sie anders sind, als sie eigentlich sein sollten? Kurz, man trifft auf Kollegen, die sich dem Polizeiberuf mit Leib und Seele verschrieben haben und von deren Gespür man lernen kann.

Ich hatte das Glück, so einem Kollegen zu begegnen, der alle diese Fähigkeiten und Eigenheiten in seiner Person vereinigte, als ich im Jahr 2001 zur Mordkommission wechselte: nämlich Kriminalhauptkommissar Raimund Eichner. Während der letzten Jahre vor seiner Pensionierung war er Sachbearbeiter in »meiner« fünften Mordkommission, in meinem Team. Wobei es eigentlich viel mehr sein Team war, seine fünfte Mordkommission, in der er neunundzwanzig (!) Jahre tätig war. In ganz Deutschland gibt es wohl keinen zweiten Kriminaler, der eine so lange Zeit in einer Mordkommission gearbeitet hat. In dieser Zeit hat er Hunderte Morde, Totschlagsdelikte, Entführungen und Geiselnahmen hautnah miterlebt und viele davon selbst verantwortlich bearbeitet.

Trotz vieler spektakulärer Erfolge blieb er immer bescheiden im Hintergrund. Es bedurfte viel Überredungskunst, ihn wenigstens anlässlich seiner Pensionierung dazu zu bewegen, der ›Süddeutschen Zeitung‹ ein Interview zu geben, mit dem ihm spät die öffentliche Anerkennung zuteilwurde, die er sich längst verdient hatte.

Nun aber bin ich froh, dass ich ihn dazu bewegen konnte,

uns allen zumindest einen kleinen Einblick in seinen reichhaltigen Erfahrungsschatz zu geben. Beispiele dazu finden sich in den nachfolgenden Kapiteln »Mit Pfeil und Bogen«, »Ein Stern auf Abwegen«, »Eine lange Nacht« und »Blinder Hass«. Ich danke ihm herzlich dafür, dass ich diese Ermittlungsfälle hier mit aufnehmen konnte.

Ich habe Raimund einmal gefragt, ob er es jemals bereut hat, den Beruf eines Mordermittlers gewählt zu haben und dieser Aufgabe bis zu seiner Pensionierung treu geblieben zu sein. Ob er den Beruf wieder ergreifen würde, wenn er heute noch einmal vor dieser Wahl stünde.

Und hier ist seine Antwort:

Wenn ich mir heute die Frage stelle, ob ich mich auch dann dafür entschieden hätte, wenn ich all das gewusst hätte, was ich heute weiß, so fällt es mir nicht leicht, darauf eine Antwort zu finden. Einerseits ist die Tätigkeit eines Mordermittlers unglaublich vielfältig und spannend, sie lässt sich nicht normieren und übersteigt oft das Vorstellungsvermögen eines unbedarften Betrachters; andererseits erfährt man auf unbarmherzige und belastende Weise Dinge, die einen psychisch mitunter bis an die Grenze des Erträglichen führen.

Wiege ich diese beiden Extreme gegeneinander auf, so machen sich zutiefst widerstreitende Gefühle in mir breit. Der Anblick grausam verstümmelter Opfer hat sich ebenso tief in meine Seele eingebrannt wie die Geräusche, die entstehen, wenn sich eine Säge bei der Obduktion durch das Schädeldach eines Menschen arbeitet. Dutzende verzweifelter Angehöriger haben vergeblich versucht, bei mir eine Antwort auf die Frage zu finden: »Warum? Warum meine Tochter, mein Ehemann, mein Kind? Warum hat Gott das zugelassen?« Ich habe mich immer wieder gefragt, ob es normal ist, dass man beim Anblick eines Leichenwagens so etwas wie

Erleichterung verspüren kann; nämlich die Erleichterung darüber, dass nun ein Opfer abtransportiert wird und so die Angehörigen nicht länger den quälenden Anblick ihres getöteten Liebsten ertragen müssen.

Aber dann wieder gewinnt die Erinnerung an die Momente die Oberhand, wo man Tätern gegenübersaß, die – vielleicht erst nach langwierigen und schwierigen Ermittlungen – verschämt, manchmal mit kaum verständlicher Stimme, ihre unfassbaren Taten gestanden haben. Momente, in denen ich eine unbeschreiblich tiefe Genugtuung darüber verspürte, dass die Angehörigen eines Opfers nun beginnen konnten, ihre Trauer aufzuarbeiten, dass sie darauf vertrauen durften, dass der Tod ihres Partners, ihres Kindes oder einer anderen nahestehenden Person gesühnt werden würde. Ich war zutiefst erleichtert darüber, dass der Täter oder die Täterin so schnell kein Leid mehr über andere bringen konnte. Und so schwer mitunter der Umgang gerade mit dem Leid und den oftmals entsetzlichen Bildern an einem Tatort zu ertragen ist, so hat doch das Verlangen, die Gesellschaft vor den Tätern zu schützen, während meines Berufslebens stets überwogen.

Einen so überaus fordernden und belastenden Beruf – nicht selten am physischen und psychischen Limit – steht man nur durch, wenn man im privaten Umfeld Unterstützung und volles Verständnis erfährt. Ungezählte private Termine mussten abgesagt oder verschoben werden, nächtliche Anrufe gehörten längst zum Alltag auch der Angehörigen.

Doch trotz aller persönlichen Entbehrungen und Einschränkungen in der Lebensgestaltung, trotz aller Unwägbarkeiten: Ja. Ich würde diesen Beruf wieder ergreifen. Diesen einzigartigen Beruf, der sich mit keinem anderen Beruf der Welt vergleichen lässt. In Bezug auf seine unglaubliche Vielseitigkeit, auf die unvorstellbaren Einblicke in die Abgründe der menschlichen Seele, die Anforderungen an das eigene Wahrnehmungsvermögen, an sein schauspielerisches

Können, an Empathiefähigkeit und an Selbstbeherrschung, um nur einige Punkte zu nennen. Der Beruf des Mordermittlers genießt zudem ein hohes Ansehen in der Öffentlichkeit. Daran gewöhnt man sich ebenso rasch wie daran, dass man während seines gesamten Berufslebens, mit Ausnahme der Urlaubszeiten, immer für die Dienststelle erreichbar sein sollte.

So kann ich aus tiefster Überzeugung sagen, dass ich keinen Tag meines Arbeitslebens bereue oder bereut habe. Ja, ich würde diesen Beruf jederzeit wieder wählen – ohne Wenn und Aber ...

Die nachfolgenden Fälle habe ich nach den Schilderungen von Raimund Eichner zusammengefasst und niedergeschrieben.

Mit Pfeil und Bogen

Als Mordermittler erlebt man immer wieder Fälle, die äußerst skurril sind, wie mir während einer Bereitschaft wieder einmal plastisch vor Augen geführt wurde.

Zu jener Zeit gehörte es zu den Aufgaben der Mordkommission, auch Körperverletzungsdelikte, die weder als versuchter Totschlag noch als versuchter Mord zu qualifizieren waren, zu bearbeiten, sofern bei der Tat ein Messer verwendet wurde. Erst viele Jahre später, als die Zahl der Körperverletzungsdelikte mit Messern stark zunahm, wurde ein eigenes Kommissariat für diesen Deliktsbereich gegründet.

Und so ein Einsatz stand uns nun bevor. In einem Lokal waren zwei angetrunkene Gäste aus nichtigem Grund – vermutlich aber aufgrund ihres übermäßigen Alkoholkonsums – mit Messern aufeinander losgegangen und hatten sich gegenseitig nicht unerheblich verletzt. Obwohl keine Lebensgefahr bestand und die Staatsanwaltschaft »nur« von einer gefährlichen Körperverletzung ausging, mussten die Ermittlungen natürlich mit der erforderlichen Sorgfalt durchgeführt werden. Also machte ich mich auf den Weg zu einem Krankenhaus im Münchner Süden, wohin einer der Verletzten zur Versorgung seiner Wunden gebracht worden war.

Nachdem ich mich im Krankenhaus angemeldet und nach dem Verletzten erkundigt hatte, führte man mich zu einem der Behandlungsräume in der Notaufnahme. Ich musste nicht lange warten; schon nach wenigen Minuten kam eine jüngere Frau in einem offenen, wehenden Arztkittel auf mich zu. Nachdem sie meinen Dienstausweis sehr intensiv betrachtet hatte, entnahm sie einem großen Kuvert wortlos einige Röntgenaufnahmen und hielt eine davon in die Höhe. Das Röntgenbild war in der Tat außergewöhnlich.

Ich wischte mir über die Augen: Interpretierte ich das, was ich sah, wirklich richtig? Denn zu sehen war ein skelettierter Oberkörper, in dem ein langer Pfeil steckte! In meiner Verblüffung murmelte ich irgendetwas wie: »Die Messer haben früher einmal anders ausgeschaut«, was mir einen verwunderten Blick der jungen Dame in Weiß einbrachte. »Messer?«, hörte ich sie sagen. »Junger Mann, das ist ein Pfeil!«

Ich beeilte mich, ihr zu versichern, dass mir der Unterschied zwischen einem Messer und einem Pfeil durchaus geläufig sei. Nur habe man mich hierhergeschickt, um einen Mann zu befragen, der bei einer Messerstecherei verletzt worden sei. »Und ich dachte, Sie seien wegen dieses Patienten gekommen, auf den offensichtlich jemand einen Pfeil abgeschossen hat!«

Jetzt betrachtete ich die Röntgenaufnahme genauer. Der Pfeil schien am Rücken wieder ausgetreten zu sein. Ich erfuhr, dass akute Lebensgefahr bestand. Wer auf den Mann geschossen habe, wisse man nicht. Mir schwante, dass wir damit an diesem Tag einen zweiten Fall übernehmen würden.

Ich telefonierte mit meinem Kommissionsleiter und er bat mich, das weiterzuverfolgen. Um den Messerstichgeschädigten solle sich ein Kollege kümmern.

Von der Ärztin erfuhr ich anschließend noch weitere Details. Der Mann war mit dem Pfeil in der Brust an einer Haltestelle im Münchner Süden in eine Straßenbahn gestiegen und hatte den schockierten Fahrgästen erklärt, er könne sich nicht hinsetzen, weil er starke Schmerzen in der Brust habe. Der Mann fuhr bis vor die Tore der Klinik und ging dann zu Fuß zum Pförtner, der sofort einen Arzt und weitere Helfer zur Pforte kommen ließ. Ich verständigte abermals meinen Chef, der wollte mit einem Kollegen zu der Straßenbahnhaltestelle fahren, um dort weitere Ermittlungen über den Verletzten anzustellen. Schließlich waren weder die Hintergründe der Verletzung noch der Schütze bekannt.

Als Nächstes suchte ich den Pförtner auf. Nach wie vor aufgewühlt, versicherte er immer wieder, dass er so etwas noch nicht gesehen habe. Selbst eine OP-Schwester sei beim Anblick des Pfeils plötzlich bleich geworden.

Auf meine Nachfrage erfuhr ich, dass der Verletzte mittlerweile von der Nothilfe in die Chirurgie verlegt worden war; er sollte in Kürze operiert werden. Ich ließ mir den Weg dorthin beschreiben und traf auf einen der behandelnden Ärzte, bei dem ich mich erkundigte, ob ich noch kurz mit dem Verletzten sprechen könnte. Der Arzt entgegnete, dies hätte wohl keinen Sinn, da der Mann offensichtlich unter religiösen Wahnvorstellungen leide. Seinen Worten zufolge hatte er sich den Pfeil selbst in die Brust geschossen, weil Gott ihm dies befohlen habe. Das sei natürlich Unsinn, niemand könne sich auf diese Weise selbst verletzen. Ich wollte dennoch mit dem Verletzten sprechen. Da sagte der Arzt unvermittelt, dass bereits eine Stunde vor diesem Patienten ein anderer Mann mit einem religiösen Wahn eingeliefert worden sei. Diesen habe er gleich nach Eintreffen des «Pfeilmannes» gefragt, ob er mit einem Pfeil auf einen Mann geschossen habe. Was dieser bestätigte. Für den Arzt war die Sache damit klar. Diese letzte Information schien die Sache tatsächlich zu vereinfachen. Dennoch drängte ich, den «Pfeilmann» vor der OP noch kurz befragen zu dürfen. Der Arzt willigte schließlich ein und meinte, ich könne mein Glück ja mal versuchen und mit dem »Verrückten« reden.

Ich zog einen sterilen Kittel über und begann, den Verletzten im Beisein des Arztes behutsam zu befragen. Er wiederholte, was ich bereits von dem Arzt wusste, und fügte noch hinzu, er habe von Gott nicht den Auftrag zur Selbsttötung erhalten, sondern Schmerzen auszuhalten. Er solle leiden. Warum, wisse er nicht.

Der Verletzte fasste offenbar rasch Vertrauen zu mir, weil er merkte, dass ich ihm zuhörte. Das wollte ich ausnützen, um mehr zu erfahren. Der Arzt hingegen verdrehte die Augen nach oben, so, als ob er mich warnen wollte, den Phantastereien des Verrückten zu glauben ...

Schließlich begann der Mann, erstaunlich zusammenhängend zu erzählen. Schon in den frühen Morgenstunden habe er eine Unruhe in sich verspürt und sei deshalb ziellos durch München geirrt. Plötzlich habe er von Gott den Befehl empfangen, sich selber Schmerzen zuzufügen. Da habe er die Idee gehabt, sich mit Pfeil und Bogen zu verletzen. In einem Waffengeschäft habe er sich einen Präzisions-Bogen und Pfeile gekauft und etwa 500 Mark dafür ausgegeben. Mit Pfeilen und Bogen, einer Säge, etwas Draht, einer Schnur und Schrauben sei er dann mit der Straßenbahn in Richtung Grünwald gefahren. In einem Waldstück habe er sich einen passenden Platz ausgesucht und einen circa fünfzehn Zentimeter dicken Baum umgesägt. Daran habe er den Bogen mit der Schnur befestigt und durch Fernauslösung mittels des Drahtes zunächst Probeschüsse auf den Baum gegenüber durchgeführt. Nach mehreren Schüssen sei er schließlich sicher gewesen, exakt zu treffen. Er habe sich vor den Baum gestellt und an dem Draht gezogen. Wie vorherberechnet, habe der Pfeil seine Brust durchbohrt.

An der Reaktion des Arztes merkte ich, dass er nicht gewillt war, seinem Patienten zu glauben. Ich hingegen beschloss, die Angaben des Mannes zu überprüfen und bat ihn, mir die Stelle genau zu beschreiben. Der Mann wurde sichtbar schwächer, versicherte mir aber nochmals, dass kein anderer auf ihn geschossen habe, bevor mich der Arzt aus dem Raum schickte. Dem Arzt sagte ich noch, dass der Pfeil als Beweismittel hiermit von mir sichergestellt sei und ich ihn nach der OP abholen würde.

Ich vermeinte, einen leicht sarkastischen Unterton herauszuhören, als der Arzt beim Abschied sagte, er sei ganz sicher, dass ich den Bogen an der beschriebenen Stelle entdecken werde ... Nun packte mich der Ehrgeiz. Ich wollte den Bogen finden, schon allein um dem Arzt zu zeigen, dass er nicht recht hatte. Meine neuen Erkenntnisse gab ich gleich darauf per Telefon an meinen Kommissariatsleiter durch.

Als ich diesen am anderen Ende der Leitung jedoch lauthals lachen hörte, bekam meine Zuversicht deutliche Risse. Davon ließ ich mich aber nicht entmutigen. So beschloss ich, der Sache selbst nachzugehen. Es begann schon zu dämmern, als ich schließlich auf eine kleine Lichtung im Wald stieß. Am Rande bemerkte ich eine Stelle, an der das kniehohe Gras erst vor Kurzem niedergetreten worden war. Vielleicht war es ja nur ein Wildwechsel. Trotzdem folgte ich der Spur. Und stand unvermittelt vor einem frisch abgesägten Baumstumpf, auf dem ein Bogen mit mehreren Schrauben befestigt war. Ich schluckte. Also hatte mich der Mann doch nicht belogen! Nun besah ich mir die Vorrichtung genauer:

Der Baum war etwa in einer Höhe von 130 cm und in einem Winkel von ca. 45 Grad abgesägt. Auf diesem Baumstumpf war ein Bogen festgeschraubt und an der Sehne ein etwa 20 Meter langer Draht befestigt, der um mehrere Bäume herum zu einer Fichte gegenüber führte. So konnte man tatsächlich die Sehne des Bogens – gewissermaßen per Fernbedienung – aus einer Arretierung lösen und damit einen Pfeil abschießen. An der Fichte waren in Brusthöhe mehrere Beschädigungen der Baumrinde zu erkennen, die von den geschilderten »Probeschüssen« herzurühren schienen.

Das war vielleicht ein Ding. Überglücklich, den »Tatort« gefunden zu haben, rief ich meinen Kommissionsleiter an. Der dachte zunächst, ich mache einen Scherz. Doch ich konnte ihn und meinen Kollegen letztlich dazu bewegen, sich mit eigenen Augen zu überzeugen. Ich gestehe, ich genoss den Moment, als ich das ungläubige Staunen in den Augen meiner Kollegen bemerkte.

Wir waren allesamt heilfroh, die Anlage gefunden zu haben. Der Gedanke, dass wir womöglich für immer einem Phantom nachgejagt wären, hätte der Mann seine Verletzungen nicht überlebt oder hätten wir seine Erzählungen als Unsinn abgetan, bereitete uns Unbehagen.

Es war einer jener unglaublichen Zufälle, denen ich in unserem Beruf immer wieder begegnet bin, dass fast zeitgleich noch ein anderer Mann mit religiösen Wahnvorstellungen ins Krankenhaus eingeliefert worden war. Mit dem »Pfeilmann« hatte er absolut nichts zu tun, sein »Geständnis« entsprang allein seinem verwirrten Geist.

Die allerletzten Zweifel wurden am Tag darauf beseitigt, als der Verkäufer des Waffengeschäfts bestätigte, dass das Opfer tatsächlich den Präzisionsbogen gekauft hatte.

Beamte des Erkennungsdienstes wurden beauftragt, die Lichtung zu fotografieren und zu vermessen. Ich konnte es mir nicht verkneifen, mit einer Sofortbildkamera ein paar Fotos von Stamm und Bogen zu machen, um sie kurz darauf dem Arzt zu präsentieren. Kleinlaut räumte er ein, dass er wohl doch zu vorschnell über die Glaubwürdigkeit seines Patienten geurteilt hatte. Bei der Gelegenheit erfuhr ich, dass die Operation ohne Komplikationen verlaufen war und der Patient voraussichtlich schon in der kommenden Woche entlassen werden konnte.

Den Präzisionsbogen samt Pfeil und abgesägtem Baumstamm habe ich nach den erkennungsdienstlichen Untersuchungen dem Kriminalmuseum im Polizeipräsidium zur Verfügung gestellt. Dort war er jahrelang zu besichtigen, ehe ihn jemand – warum auch immer – »entsorgte«.

Ein »Stern« auf Abwegen

An einem kühlen Frühlingsabend fuhr der neunundzwanzigjährige Bernd K. mit seinem Fahrrad durch ein ausgedehntes und um diese Zeit menschenleeres Waldstück im Süden Münchens. Der Radler konzentrierte sich ganz auf den unebenen Waldweg. So bemerkte er erst in dem Moment, als es für jegliche Reaktion zu spät war, dass sich von hinten eine schwere Luxuslimousine mit hoher Geschwindigkeit näherte. Der verzweifelte Versuch, dem Zusammenprall auszuweichen, war von vornherein zum Scheitern verurteilt. Ein lauter Knall und im nächsten Moment wurde der Mann in hohem Bogen durch die Luft gewirbelt. Schwerverletzt prallte der Radfahrer neben dem Weg auf den Waldboden. Die Limousine indes entfernte sich mit aufheulendem Motor, ohne dass sich der Fahrer um den Verletzten gekümmert hätte.

Es war reines Glück, dass kurze Zeit später eine Reiterin des Weges kam, die schwache Hilferufe vernahm und so den Verletzten entdeckte. Sofort rief sie über ihr Handy beim Inhaber des nahegelegenen Gestüts an und bat Günther W., den Notarzt zu verständigen. Diesen erwartete sie an der Kreisstraße.

Am Unfallort traf nun auch Günther W.s Tochter Susanne W. ein, die sich gegenüber der Reiterin als Freundin des Verletzten zu erkennen gab. Fußgänger hätten sie verständigt. Zum Notarzt sagte sie jedoch, sie sei beim Unfall zugegen gewesen, ihr Freund sei aufgrund der Bodenunebenheiten vom Fahrrad gestürzt.

Doch der erfahrene Notarzt wurde schnell misstrauisch, als er bei den ersten Untersuchungen erkannte, dass der bewusstlose Mann dafür untypische Verletzungen aufwies. Zudem war das Fahrrad in einer Art und Weise beschädigt, wie es eher zu einem Zusammenstoß mit einem anderen Fahrzeug passte. Über seine Feststellungen informierte er deshalb seine Einsatzzentrale, die wiederum die Polizei verständigte.

Die bald darauf eintreffenden Polizeibeamten teilten die Annahme des Notarztes, die durch eine Aussage von Susanne W. gestützt wurde: Wie beiläufig erwähnte sie, dass ein gewisser Uwe P. aus einer Nachbargemeinde in letzter Zeit häufig mit seinem Pkw mit überhöhter Geschwindigkeit durch den Wald rase. Er habe schon wiederholt Mountainbiker und Reiter gefährdet.

Nun schien sicher zu sein, dass es sich um einen Verkehrsunfall mit anschließender Fahrerflucht handelte. Dementsprechend wurden Beamte des Verkehrsunfallkommandos alarmiert, die die weiteren Ermittlungen übernahmen.

Mittlerweile hatte man eine Zeugin ausfindig gemacht, die zur Unfallzeit mit ihrem Fahrzeug die Kreisstraße entlanggefahren war. Sie hatte beobachtet, dass ein dunkelblauer Mercedes mit hoher Geschwindigkeit – aus dem Waldweg kommend – in die Kreisstraße eingebogen und davongerast war. Am Steuer des Fahrzeugs saß eine jüngere Frau. Der Mercedes war vorne beschädigt und in der Frontscheibe klaffte ein großes Loch. Die Frage, ob sie imstande wäre, die Fahrerin wiederzuerkennen, bejahte die Zeugin.

Am nächsten Tag erwachte Bernd K. im Krankenhaus aus seiner Bewusstlosigkeit. Als Beamte des Unfallkommandos ihn mit Zustimmung des behandelnden Arztes kurz befragen konnten, horchten sie auf: Der Verletzte gab nämlich an, dass es sich nicht um einen Unfall gehandelt habe, sondern um einen Mordversuch! Am Steuer sei seine Lebensgefährtin Susanne W. gesessen, die ihn mit dem Auto ihrer Mutter, einer dunkelblauen Mercedes-Limousine, angefahren habe. Sie habe ihn umbringen wollen.

Bernd K. lebte mit seiner Freundin in einer Wohnung im nahegelegenen Reitgestüt ihrer Eltern. Am Tag zuvor, so berichtete er, habe es zwischen ihm und seiner Freundin wieder einmal Streit gegeben. Wie so oft sei sie betrunken gewesen und habe ihm vorgeworfen, dass er ein Nichtsnutz sei, der es nur auf ihr Geld abgesehen habe. Daraufhin habe er ihr Vorhaltungen gemacht, warum sie nicht endlich mit der Trinkerei aufhören würde. Schließlich habe sie den gedeckten Tisch samt Geschirr und Essen vor lauter Verärgerung umgeworfen und ihn angebrüllt, er solle die Schweinerei gefälligst aufräumen. Doch er habe sich geweigert und sei wortlos aus der Wohnung gegangen. Er sei auf sein Fahrrad gestiegen und einfach weggeradelt. Offenbar sei ihm seine Freundin jedoch mit dem Auto ihrer Mutter gefolgt und habe dann versucht, ihn zu überfahren.

Aufgrund der Angaben des Verletzten verständigten die Beamten des Unfallkommandos den Leiter unserer Mordkommission. Der verabredete sich kurz darauf mit den Kollegen vor dem Reiterhof, wo man nach dem mutmaßlichen Unfallfahrzeug suchte. Doch schon bald stand fest, dass sich der blaue Mercedes nicht auf dem Areal befand.

Die Fahrzeughalterin gab an, ein Verwandter aus Spanien habe den Wagen vor zwei Tagen – also bereits am Tag vor der Tat – abgeholt und zum Verkauf ins Ausland verbracht. Die Ermittlungen schienen einen größeren Umfang anzunehmen.

Auch ich hatte an diesem Tag Bereitschaft. Als mein Telefon klingelte, spülte ich den letzten Bissen eines sehr diätfeindlichen Stückchens Schokoladentorte mit Kaffee hinunter, während mein Chef mich informierte und bat, ebenfalls zum Reiterhof zu kommen. In der Gewissheit, dass sich mein Bauchumfang in den kommenden vierundzwanzig Stunden mangels Gelegenheit wohl nicht mehr zu meinem Nachteil verändern konnte, machte ich mich auf den Weg.

Vor Ort erfuhr ich, dass man am Fahrrad des Geschädigten blaue Lackanhaftungen und auf dem Waldweg Glassplitter aufgefunden hatte. Außerdem konnten im weichen Untergrund Reifenabdrücke gesichert werden. Diese wichtigen Beweismittel wurden gerade durch Gutachter ausgewertet.

Pikanterweise stellte sich heraus, dass Susanne W. am Vormittag des Tattages der Führerschein wegen einer Trunkenheitsfahrt entzogen worden war. Alles deutete darauf hin, dass Susanne W. versucht hatte, ihren Freund mit dem Auto ihrer Mutter zu töten. Dafür sprachen die Lackspuren, die Angaben des Geschädigten und der neutralen Zeugin wie auch das Aussageverhalten der Beschuldigten gegenüber dem Notarzt. Hinzu kam, dass das mutmaßliche Tatfahrzeug ohne überzeugende Erklärung verschwunden war.

Was folgte, war Routine: Susanne W. wurde die vorläufige Festnahme wegen des Verdachts auf ein versuchtes Tötungsdelikt erklärt und sie wurde über ihre Rechte belehrt. Und auch ihre Reaktion darauf war typisch und gehört zum Alltag bei Mordermittlungen: Ohne Anwalt wollte sie sich nicht weiter äußern.

Da allem Anschein nach mit einem Geständnis nicht zu rechnen war, galt es umso vordringlicher, objektive Beweise für die Schuld oder die Unschuld der Festgenommenen zu finden. Dazu beantragten wir einen Durchsuchungsbeschluss für den Reiterhof samt Stallungen. Wir wollten feststellen, ob der Fahrzeugbrief tatsächlich mit dem ominösen Verwandten samt Fahrzeug unterwegs nach Spanien war, wie uns die Mutter der Beschuldigten glauben machen wollte.

Über unsere Einsatzzentrale forderten wir zugleich Unterstützungskräfte für die Durchsuchung an. Der Beschluss und die jungen Beamten der Einsatzhundertschaft trafen fast zeitgleich bei uns ein.

Susanne W. war bereits unterwegs in die Haftanstalt. So übergaben wir der Mutter den Durchsuchungsbeschluss. Es stand ihr ins Gesicht geschrieben, dass sie log, als sie lediglich eine Kopie des Fahrzeugbriefes hervorkramte und ihre Behauptung wiederholte, der Originalbrief sei mit dem

Fahrzeug irgendwo im Ausland. Doch sie merkte wohl an unserer Reaktion, dass wir entschlossen waren, notfalls das gesamte Anwesen auf den Kopf zu stellen. Noch ehe wir mit der Suche beginnen konnten, lenkte sie plötzlich ein und holte den Originalfahrzeugbrief aus einer Schublade hervor.

Nun machten wir uns daran, mit rund zwanzig Beamten das gesamte Areal rings um den Reiterhof nochmals zu durchkämmen. Während die männlichen Kollegen ihre Aufmerksamkeit vor allem auf die Suche nach der verschwundenen Luxuskarosse richteten und dabei – aus der Luft unterstützt von einer mittlerweile eingetroffenen Hubschrauberbesatzung – immer tiefer in das Dickicht der angrenzenden Waldgebiete eindrangen, zog es die Kolleginnen deutlich mehr zu den Pferden. Die schienen in den Stallungen und auf den Koppeln nur darauf gewartet zu haben, dass sich endlich jemand erbarmte, sie zu streicheln und mit Leckereien zu verwöhnen.

Nach geraumer Zeit rollte ein schicker Porsche vor dem Hauptgebäude des Reiterhofes aus. Der Fahrer entpuppte sich als Anwalt und erklärte, er sei mit der Verteidigung der Beschuldigten beauftragt worden. Nachdem ihm der Sachverhalt kurz dargestellt worden war, ließ er uns wissen, dass seine Mandantin keine Angaben mehr machen werde. Und er legte sofort gegen die Sicherstellung des Kfz-Briefes Widerspruch ein, da diese doch offenkundig widerrechtlich erfolgt sei. Aha. Dieses Organ der Rechtspflege schien die Situation gründlich zu verkennen. Nicht die richterlich angeordnete Sicherstellung bzw. Beschlagnahme des Kfz-Briefes des mutmaßlichen Tatfahrzeuges stellte eine Verletzung der geltenden Rechtsordnung dar, sondern die Tat, derer seine Mandantin beschuldigt wurde! Leise Zweifel regten sich in mir, ob die Beschuldigte mit dieser Strategie ihres Verteidigers, den ermittelnden Beamten unzulässige Maßnahmen vorzuwerfen, vor dem Schwurgericht tatsächlich Pluspunkte sammeln würde ...

Einige Stunden später stand fest, dass das gesuchte Fahrzeug sich weder auf dem Gelände des Reiterhofes noch in den angrenzenden Waldgebieten befand. Wir beendeten die Aktion und fuhren im Anschluss in die Klinik. Die behandelnden Ärzte gestatteten uns, den Verletzten nochmals ein paar Minuten lang zu befragen. Für eine förmliche Vernehmung war er nach der Operation noch zu schwach.

Dabei erfuhren wir, dass seine Freundin schon einmal versucht habe, ihn mit dem Auto zu töten, und zwar vor knapp einer Woche. Damals habe er in letzter Sekunde vom Rad abspringen und sich so in Sicherheit bringen können. Und kurz vor der Tat habe er von einer Bekannten erfahren, dass Susanne W. froh wäre, ihn loszuwerden. Das habe sie so gesagt. Bernd K. war durch den Aufprall und den Sturz erheblich verletzt worden; so hatte er ein Schädel-Hirn-Trauma, diverse schwere Brüche, mehrere Prellungen sowie Schnittverletzungen erlitten.

Unser anschließender Versuch, in der Haftanstalt von Susanne W. zu erfahren, wo sie das Auto versteckt hatte, schlug erwartungsgemäß fehl. Die Frau war nicht bereit, irgendwelche Angaben zu machen. Nun aber war guter Rat teuer: Wo konnte das Fahrzeug sein? Da kam mir eine zündende Idee. Bei dem Gespräch mit ihrer Mutter hatte ich aufgeschnappt, dass der Mercedes über ein Autotelefon verfügte. Das war zu jener Zeit noch eher ungewöhnlich; zwar gab es seit Mitte der Achtzigerjahre bereits kompakte und leistungsfähige Handys, aber der Preis für Autotelefone war immer noch beträchtlich. Und auch die technischen Möglichkeiten, ein Telefon zu orten, waren weit von den heutzutage üblichen Standards entfernt. Allerdings war es problemlos möglich festzustellen, wer von dem Autotelefon aus angerufen worden war. Und genau hier, so hoffte ich, würde der entscheidende Ansatzpunkt für unsere weiteren Ermittlungen liegen. Denn die Beschuldigte hatte nach dem misslungenen Anschlag bestimmt bei irgendjemandem um Unterstützung nachgefragt. Das Fahrzeug musste ja aus dem Weg geräumt werden. Der zuständige Staatsanwalt erließ gleich eine Eilanordnung und kurz darauf lag uns eine gefaxte Liste mit den angewählten Telefonnummern und den zugehörigen Teilnehmern vor.

Der Erste, mit dem Susanne W. nach dem Unfall telefoniert hatte, entpuppte sich als Tierarzt Dr. P., mit dem die Beschuldigte befreundet war. Wir erfuhren bei seiner Vernehmung, dass Susanne W. ihn angerufen und gebeten hatte, zum Reiterhof zu kommen, sie benötige Hilfe. Was wir zu diesem Zeitpunkt noch nicht wussten: Nach dem Anruf versteckte Susanne W. das beschädigte Fahrzeug erst mal in einem dichten Gestrüpp und fuhr per Anhalter zum Reiterhof, wo Dr. P. bereits auf sie wartete. Sie lotste ihn zur »Unfallstelle«, um nach ihrem Freund zu sehen. Vermutlich hatte sie insgeheim gehofft, dass jede Hilfe für ihn bereits zu spät kommen würde. Auch Dr. P. hatte ein Autotelefon in seinem Wagen. Von der Rettungsleitstelle erfuhr er, dass der Notarzt bereits verständigt war. Daraufhin fuhr der Tierarzt zur Hauptstraße, um der Notarztbesatzung den Weg zu weisen, während Susanne W. bei ihrem bewusstlosen Freund zurückblieb.

Aus der Vernehmung des Tierarztes ergab sich zunächst nichts, was irgendwie auffällig gewesen wäre. So gingen wir die Liste der angerufenen Personen weiter durch. Was uns erstaunte, war, wie viele Gespräche die Beschuldigte nach der Tat geführt hatte. Hinter welcher der Nummern verbarg sich wohl eine heiße Spur? Doch dann entdeckte ich eine Besonderheit: Die Beschuldigte hatte mehrfach eine bestimmte Nummer gewählt; der Kontakt hatte jeweils mehrere Minuten lang bestanden. Nachdem wir den Inhaber des Telefonanschlusses festgestellt hatten, hatte ich das Gefühl, dass wir der Lösung des Falles näher gekommen waren. Denn der Anschluss gehörte der Tante der Beschuldigten.

Früh am nächsten Morgen machten mein Chef und ich

uns auf den Weg. Irgendwo im Süden Münchens, in einem winzigen Dorf, dessen Namen ich vorher noch nie gehört hatte, wohnte die Tante mit ihrem Ehemann auf einem Bauernhof. Der Ort lag ein gutes Stück weit außerhalb unseres regulären Zuständigkeitsbereiches. Rechtlich stellte dies natürlich keinerlei Problem dar; praktisch aber bedeutete dies, dass wir von dieser Gegend leider keinerlei Landkarten zur Verfügung hatten. Und von einer flächendeckenden Nutzung von GPS für polizeiliche Zwecke waren wir zu dieser Zeit noch rund zehn Jahre entfernt, wenngleich der zivile Einsatz von GPS bereits seit 1995 möglich war.

Sollten Sie sich fragen, warum die Polizei nicht schon längst dieses unverzichtbare Hilfsmittel verwendete, so möchte ich Ihnen kurz eine Begebenheit aus der zweiten Hälfte der Neunzigerjahre schildern: Im Flur einer Kriminalpolizeiinspektion kam deren Leiter einem Kollegen entgegen. »Haben Sie eine Ahnung, was ein Laab Topp ist?«, wurde dieser von seinem Vorgesetzten gefragt. »Sie meinen ein Laptop«, entgegnete der Kollege, »das ist ein tragbarer Computer, aus keiner Firma mehr wegzudenken – warum fragen Sie?« »Ach, wissen Sie, ich soll eine Stellungnahme abgeben, ob die Kriminalpolizei so ein Zeug brauchen kann und ob wir das anschaffen sollen ...«

Die Stellungnahme dieses »Computerspezialisten« war dann offensichtlich eindeutig, denn es dauerte in der Folge noch mehrere Jahre, bis man sich schweren Herzens dazu durchrang, wenigstens für jedes Kriminalkommissariat einen PC anzuschaffen, sodass sich zu Beginn des polizeilichen Computerzeitalters im Schnitt zehn Beamte einen PC teilen mussten.

Vielleicht also hing unser momentanes Problem mit der technischen Innovationsfreudigkeit mancher Planer und Vorgesetzten zusammen, die GPS für eine Kaffeesorte oder eine Motorradmarke zu halten schienen. Während ich grob berechnete, wie lange unser Benzinvorrat wohl noch reichen würde, ehe wir auf einem der einsam gelegenen Einödhöfe um Asyl nachsuchen müssten, nahte unverhofft die Rettung. Denn als wir um eine Kurve fuhren, entdeckten wir vor uns das vertraute Grün-Weiß eines leibhaftigen Polizeiautos. Kurz darauf überholten wir den Streifenwagen und stoppten ihn mit der Anhaltekelle. Da man unserem zivilen alten Audi und unserem Outfit nicht zwingend ansehen konnte, dass wir berechtigt waren, irgendwo im Oberland Polizeiautos zu stoppen, konnte man förmlich spüren, dass den beiden überraschten Kollegen nicht wohl in ihrer Haut war, als wir uns ihrem Fahrzeug näherten. Erst nach einem langen Blick auf unsere Dienstausweise und Kriminalmarken und nach einer unauffälligen »Inspektion« der als polizeitypisch erkennbaren Innenausstattung unseres Funkwagens war die Streifenwagenbesatzung davon überzeugt, dass wir Kollegen und keine Terroristen waren. Dann aber erwiesen sie sich als außerordentlich hilfsbereit und lotsten uns durch Wälder, über Hügel und durch Täler an unser Ziel. Unterwegs überlegten wir uns, wie wir es wohl anstellen konnten, uns auf dem Hof nach dem verschwundenen Mercedes umzusehen, ohne den Argwohn der Bewohner zu erwecken. Denn für einen richterlichen Durchsuchungsbeschluss war meine bloße Vermutung nicht stichhaltig genug. Wenn wir aber ohne Durchsuchungsbeschluss vorsprachen, konnte uns der Zutritt verwehrt werden. Und dann bestand die Gefahr, dass das Fahrzeug – sollte es wirklich dort abgestellt worden sein – längst beseitigt wäre, bis wir einen konkreten Verdacht begründen konnten.

Wir hatten uns gerade eine – erlaubte – polizeiliche List überlegt, als der Streifenwagen vor uns stoppte. Hinter der nächsten Straßenbiegung, so erfuhren wir, lag das Gehöft. Wir ließen die Kollegen zurück, die sich bereithielten, uns im Falle des Falles zu unterstützen, und näherten uns dem stattlichen Anwesen. Das Erste, was uns dabei förmlich ins Auge sprang, war – der gesuchte Mercedes! In aller Offenheit stand der Wagen vor dem Wohnhaus, von der Straße her problemlos zu sehen. Damit entfiel die Notwendigkeit, eine List anzuwenden. Ganz offensichtlich hatte man nicht damit gerechnet, dass man hier nach dem Wagen suchen könnte.

Wir baten die wartenden Kollegen über Funk, zu uns zu kommen. Gemeinsam fuhren wir dann vor dem Anwesen vor. Tante und Onkel der Beschuldigten waren zu Hause und verwundert, als sie erfuhren, dass der Mercedes im Zusammenhang mit einem versuchten Tötungsdelikt gesucht wurde. Während die Kollegen sich um die Sicherstellung und das Abschleppen des Fahrzeuges zur Spurensicherung kümmerten, erfuhren wir, dass Susanne W. ihre Tante am Abend nach der Tat angerufen hatte. Dabei hatte sie angegeben, dass sie im angetrunkenen Zustand ein Reh überfahren habe. Schließlich willigten Onkel und Tante ein, dass ihre Nichte das Fahrzeug auf dem Hof abstellen konnte. In der Nacht war Susanne W. in Begleitung des »sehr netten Tierarztes Dr. P.« vorgefahren und hatte den beschädigten Wagen dort gelassen.

Aha! Mit dem »sehr netten Dr. P.« würden wir uns noch einmal befassen müssen. Strafvereitelung bei einer versuchten Tötung ist kein Kavaliersdelikt! Bei seiner späteren Vernehmung bekannte der Tierarzt, dass Susanne W. ihm schon kurz nach der Tat gebeichtet hatte, dass die Beschädigungen an dem Fahrzeug nicht von einem Wildunfall, sondern von ihrem Versuch herrührten, sich ihres Freundes zu entledigen. In dem Zusammenhang stellte sich auch noch heraus, dass P. seinen Doktortitel zu Unrecht führte, was bei seiner Verurteilung dann extra zu Buche schlug.

Obwohl auch die Mutter und die Tante eine Strafvereitelung begangen hatten, blieben beide straffrei, da Strafvereitelung zugunsten eines nahen Angehörigen nicht bestraft werden kann.

Der Abschleppwagen mit dem sichergestellten Mercedes war gerade vom Hof gerollt, als Susanne W.s Verteidiger sich bei der Tante meldete. Wir erfuhren von ihm, dass er erst kurz vor unserem Eintreffen von dort weggefahren war. Er hatte beabsichtigt, den beschädigten Wagen zurück zum Reiterhof zu bringen. Wegen des regnerischen Wetters hatte er sein Vorhaben jedoch verschoben, da in der Frontscheibe ein großes Loch klaffte. Mein Bedauern darüber, dass wir seinem Vorhaben zuvorgekommen waren, hielt sich indes in Grenzen. Schließlich hätte die Beschuldigte ja bereits am Vortag ihr Gewissen durch ein Geständnis erleichtern können.

Das Urteil fiel dann trotzdem sehr moderat aus: sieben Jahre und sechs Monate wegen versuchten Mordes, gefährlicher Körperverletzung und wegen eines gefährlichen Eingriffs in den Straßenverkehr. Trunkenheit am Steuer und Fahren ohne Fahrerlaubnis spielten beim Urteil dagegen keine Rolle mehr.

Eine lange Nacht

An einem Dienstag im Juni 1996 betrat eine Frau die Wache einer Münchner Polizeiinspektion. Eleonore M. war extra aus einer kleinen Stadt an der Donau nach München gekommen, weil sie sich große Sorgen um ihren achtundzwanzigjährigen Sohn Fred und dessen fünfzehn Jahre ältere Freundin Michaela Z. machte. Die beiden wohnten in München und waren seit mehr als zwei Wochen nicht mehr erreichbar; als Letzte hatte seine Schwester mit Fred telefoniert.

Da beide als zuverlässig galten und es weder Anhaltspunkte für eine überraschende Urlaubsreise gab noch sonst eine harmlose Erklärung für das »Verschwinden« der beiden zu finden war, erstattete Eleonore M. Vermisstenanzeige. Von Michaela Z. wusste Freds Mutter zu berichten, dass sie mehrere Krankengymnastiktermine unentschuldigt nicht wahrgenommen hatte.

Zwei Tage nach dem letzten Gespräch zwischen Fred und seiner Schwester wollte Eleonore M. Fred mitteilen, dass sie mehrere Tage mit ihrem Lebensgefährten verreisen würde. Da sie weder ihren Sohn noch dessen Freundin erreichte, hinterließ sie ihre Nachricht auf Band und fuhr anschließend in Urlaub.

Zu dem Zeitpunkt dachte sie sich nichts weiter dabei. Als aber auch nach ihrer Rückkehr keiner ans Telefon ging und nun auch noch Michaelas Anrufbeantworter abgeschaltet war, war Eleonore M. ernsthaft beunruhigt. Da Frau M. bekannt war, dass eine Nachbarin Michaelas Wohnungsschlüssel aufbewahrte, fuhr sie nach München. Mit dem hinterlegten Schlüssel betrat sie Michaelas Wohnung. Dort fiel ihr auf, dass der Anrufbeantworter fehlte. Die Topfpflanzen waren verwelkt. Und die Nachbarin hatte auch keinen Auftrag erhalten, die Blumen zu gießen.

Dafür wusste sie zu berichten, dass in Michaelas Wohnung rund 100 000 Mark liegen müssten. Das zumindest hatte diese ihrer Nachbarin zwei Tage vor ihrem Verschwinden anvertraut. Sie wolle – so hatte Michaela erzählt – das Geld investieren. Dazu erwartete sie dringend den Anruf eines gewissen Nikolaus. Am nächsten Tag habe ihr Michaela berichtet, mit der Geldanlage habe irgendetwas noch nicht geklappt, sie wolle sich ein paar Tage später erneut mit Nikolaus treffen. Danach habe sie von Michaela nichts mehr gehört. Von dem Geld war in der Wohnung nichts zu finden. Nun war sich Frau M. sicher: Ihrem Sohn und dessen Freundin musste etwas zugestoßen sein! Daher ging sie zur Polizei.

Wie die ersten Ermittlungen ergaben, handelte es sich bei dem Mann, dessen Anruf Michaela Z. erwartet hatte, um Nikolaus D., einen sechsunddreißigjährigen Polizeihauptmeister, der bei einer Münchner Polizeiinspektion Dienst in Uniform verrichtete. Nikolaus und Michaela waren früher einmal liiert gewesen, und in den letzten Monaten, so erfuhren die Ermittler, war dieser Kontakt wieder enger geworden. Nikolaus D., so hieß es weiter, war im Begriff, Geld in den Kauf einer Wohnung zu investieren.

Zwei Tage nach Eingang der Vermisstenanzeige wurde Nikolaus D. erstmals von Beamten der Vermisstenstelle als Zeuge vernommen. Am selben Tag wurde der Pkw der Vermissten in der Tiefgarage ihrer Wohnanlage entdeckt. Bei der Überprüfung des Fahrzeuges fanden sich mehrere Blutspuren, die man Michaela und Fred zuordnen konnte. Von da ab deutete alles auf ein Gewaltverbrechen hin und die Mordkommission wurde »ins Boot geholt«. Bereitschaft hatte die fünfte Mordkommission, und ich wurde als Sachbearbeiter bestimmt.

Was folgte, waren umfangreiche Abklärungen im Umfeld der beiden vermissten Personen; dabei wurde auch die Beziehung zwischen Nikolaus D. und Michaela Z. und die von ihr beabsichtigte Investition genauer unter die Lupe genommen.

Dabei ergab sich ein erster Verdacht, dass der Kollege mit dem Verschwinden von Michaela und Fred möglicherweise etwas zu tun hatte. Meine Kollegen und ich berieten unser weiteres Vorgehen. Die Situation war nicht ungefährlich. Wenn Nikolaus D. tatsächlich mit dem Verschwinden der beiden zu tun hatte oder sie – eingedenk der aufgefundenen Blutspuren – gar getötet hatte, würde er außerordentlich misstrauisch und wachsam gegenüber den Mordermittlern sein. Es stünde dann sogar zu befürchten, dass er sich einer Festnahme mit allen Mitteln widersetzen würde. Hinzu kam, dass in Nikolaus D.s Dienststelle vor Kurzem eine Dienstwaffe samt Munition verschwunden war. Womöglich spielte diese Waffe in dem mysteriösen Vermisstenfall eine Rolle.

Schließlich kamen wir überein, es wäre das Beste, wenn ich alleine zu Nikolaus D. fahren würde. Wir hätten da noch einige Fragen zu seiner Aussage bei der Vermisstenstelle und ich könne ihn der Einfachheit halber ja gleich mit zu unserer Dienststelle nehmen – so wollte ich das begründen. Zu diesem Zeitpunkt war Nikolaus D. noch im Status eines Zeugen, wenn auch eines sogenannten »tatverdächtigen Zeugen«. Gegen Nikolaus D. gab es zwar inzwischen einen allgemeinen Anfangsverdacht, aber noch keinen hinreichend konkreten Tatverdacht. Letzteres aber ist Voraussetzung dafür, um aus einem Zeugen einen Beschuldigten zu machen, wodurch automatisch ein Ermittlungsverfahren gegen diesen eingeleitet werden muss. Es verbietet sich jedoch von selbst, jemanden ohne einen solchen Tatverdacht und damit leichtfertig zu beschuldigen, eine Person getötet zu haben. Schließlich stellt so eine schwerwiegende Anschuldigung einen erheblichen Eingriff in das Leben eines Menschen dar. Doch selbst ein hinreichend konkreter Tatverdacht genügt noch nicht, um einen Tatverdächtigen vorläufig festnehmen zu können. Dazu bedarf es eines »dringenden« Tatverdachtes. Davon konnte hier noch längst keine Rede sein.

Die Überlegung, Nikolaus D. alleine zur Vernehmung zu

begleiten, basierte darauf, dass wohl kein Straftäter und erst recht kein Polizeibeamter davon ausgeht, dass ein einzelner Beamter einen mutmaßlichen Mörder abholen würde. Diese Vorgehensweise – die allenfalls eine erlaubte polizeiliche List darstellte – musste Nikolaus D. signalisieren, dass man keinerlei Argwohn hegte. Zufällig war kurz vor meinem – nicht angekündigten – Eintreffen seine Dienstwaffe zur routinemäßigen Inspektion abgeholt worden. Eine Ersatzwaffe war noch nicht ausgehändigt worden, worüber ich, das gebe ich gern zu, nicht unglücklich war.

Bereits auf der Fahrt zur Mordkommission zeigte Nikolaus D. auffällige und für Unschuldige untypische Verhaltensweisen. So erkundigte er sich kein einziges Mal danach, was man denn von ihm wissen wolle. Bei der anschließenden Vernehmung verwickelte sich Nikolaus D. mehr und mehr in Widersprüche. Sein Alibi konnte nicht überzeugen. So ergab sich schließlich ein konkreter und zugleich dringender Tatverdacht gegen ihn. Er wurde festgenommen und die Staatsanwaltschaft informiert. Der Staatsanwalt erwirkte beim Ermittlungsrichter einen Haftbefehl gegen ihn wegen des dringenden Verdachts des Doppelmordes an Michaela Z. und ihrem Freund Fred M. Nikolaus D. kam in Untersuchungshaft, während meine Kollegen und ich damit begannen, nach Beweisen für seine Täterschaft zu suchen.

Rund sechs Wochen waren seit dem letzten Lebenszeichen der Vermissten vergangen, als uns ein makabrer Zufall zu Hilfe kam. Beerenpflücker machten nämlich in einem Waldstück im Münchner Norden, nahe der Stadtgrenze, eine grauenhafte Entdeckung: Sie fanden unter einem Laubhaufen verscharrt die verwesten und unbekleideten Überreste von zwei Leichen, denen Kopf und Hände fehlten.

Noch in derselben Nacht erfolgte die Obduktion. Dabei stellte sich heraus, dass die Köpfe und die Hände mit einem scharfen Werkzeug abgetrennt worden waren. Und der Verdacht, dass es sich bei den Leichen um die sterblichen Überreste von Michaela Z. und Fred M. handeln könnte, wurde zur schrecklichen Gewissheit.

Am nächsten Tag wurde Nikolaus D. aus der Untersuchungshaftanstalt zur Mordkommission überstellt und mit dem Leichenfund konfrontiert. Nach Rücksprache mit seinem Anwalt legte er daraufhin ein umfassendes Geständnis ab. Das, was er uns dabei schilderte, sollte später der Leiter des Morddezernates nicht zu Unrecht mit der Bemerkung kommentieren: »So ein kaltblütiges Verbrechen haben wir noch nie erlebt!«

Wie sich herausstellte, hatte Nikolaus D. den Kontakt zu seiner ehemaligen Freundin Michaela wieder intensiviert, nachdem er eines Tages von ihr erfahren hatte, dass sie einen größeren Geldbetrag geschenkt bekommen habe und den nun gewinnbringend investieren wolle. Da behauptete Nikolaus D., er kenne einen Banker, bei dem sie Spitzenkonditionen erhalten würde. Tatsächlich aber fasste er bereits zu diesem Zeitpunkt den Plan, Michaela Z. zu ermorden und das Geld zu rauben. Sie hatte keinen Argwohn und vertraute ihrem früheren Freund blind. Wochen später holte Nikolaus D. Michaela ab, um gemeinsam zu einem Treffen mit dem Banker zu fahren; doch der konnte am vereinbarten Treffpunkt natürlich nicht erscheinen, da es ihn in Wirklichkeit ja gar nicht gab. Nach längerem vergeblichen Warten schlug Nikolaus D. vor, dann wenigstens zu einem gemeinsamen Abendessen in eine Ortschaft nahe der österreichischen Grenze zu fahren. Sein Vorhaben, Michaela Z. auf dem Weg dorthin zu töten, führte er jedoch nicht aus. Nach dem Abendessen brachte er Michaela wieder nach Hause. Vor Gericht gab er später an, dass er bereits alles für den Mord vorbereitet hatte, ihn aber letztlich der Mut verlassen habe. Der Richter vermutete jedoch einen anderen Grund, der Nikolaus D. abgehalten hatte: Denn er hatte auf der Fahrt zum Abendessen von Michaela beiläufig erfahren, dass sie in den nächsten Tagen weitere 40000 Mark erhalten würde. Allein deshalb habe er Michaela Z. nicht sofort getötet, sondern beschlossen, noch zu warten, bis auch dieses Geld in ihrem Besitz wäre.

Eine Woche später trafen sich beide erneut. Doch wieder erschien der »Banker« nicht und wieder schlug Nikolaus D. ein gemeinsames Abendessen vor. Abermals fuhren sie in seinem Auto den weiten Weg bis in die Nähe der österreichischen Grenze. Nach dem Abendessen traten sie die Rückfahrt an und Nikolaus D. begann, seinen teuflischen Plan auszuführen. Er bot Michaela einen Kakao an, den er mit einem starken Schlafmittel präpariert hatte. Bevor das Mittel zu wirken begann, erkundigte er sich bei ihr, ob sie auch – wie er das von ihr vorher verlangt hatte – mit niemandem über ihr Treffen und die Geldanlage gesprochen habe. Als Michaela ihm antwortete, dass sie lediglich ihrem Freund Fred M. davon erzählt habe, besiegelte sie dessen Todesurteil. Denn für Nikolaus D. war Fred nun ein gefährlicher Mitwisser. Michaela verfiel kurz darauf in einen ohnmachtsähnlichen Schlaf, aus dem sie nie wieder erwachen sollte. Ihr Mörder brachte sie in einen abgelegenen Wald im Münchner Norden und legte sie auf den Waldboden. Dort köpfte er die Bewusstlose mit einem Axthieb. Danach trennte er beide Hände ab und verscharrte die Leiche unter einem Laubhaufen. Den Kopf und die Hände nahm er mit. Dadurch, so glaubte er, würde die Identifizierung der Leiche, sollte sie jemals gefunden werden, erschwert.

Genau diesen Ablauf hatte Nikolaus D. von Anfang an so geplant. Wie unvorstellbar gefühlskalt und unbarmherzig der Mörder war, bewies er kurz darauf ein zweites Mal. Nachdem er sich zu Hause gereinigt hatte, nahm er erneut eine mit Schlafmitteln präparierte Kakaoflasche und fuhr damit zur Wohnung von Fred M. Es war 2.30 Uhr, als er ihn aus dem Schlaf klingelte. Michaela, so behauptete er, habe mit seinem Auto einen schweren Unfall gehabt und liege nun in Dachau im Krankenhaus. Er bot ihm an, ihn dorthin zu fahren, womit Fred M. einverstanden war. Auf der Fahrt gelang es dem Täter, auch Fred M. dazu zu bringen, von dem Kakao zu trinken. Nachdem auch er in Tiefschlaf gefallen war, nahm Nikolaus D. erneut Kurs auf das Waldstück. Dort ermordete er Fred auf die gleiche entsetzliche Art wie zuvor Michaela. Die Köpfe und Hände seiner Opfer wollte er später an einer anderen Stelle vergraben.

Nikolaus D. brachte Michaelas Fahrzeug in die Garage ihres Wohnhauses und holte sein eigenes Auto vom Parkplatz ab. Anschließend begab er sich erneut in seine Wohnung, wo er sich säuberte. Und dann ging er geradewegs zu seiner Dienststelle. Denn an diesem Tag machte seine Schicht ihren Betriebsausflug und dabei wollte Nikolaus D. nicht fehlen. Seine Kollegen sagten später aus, dass er zwar ein bisschen müde gewirkt habe, aber trotzdem sehr gut aufgelegt gewesen sei. Er habe gescherzt und herumgealbert. Als ihn einer der Kollegen auf sein übernächtigtes Aussehen ansprach, habe Nikolaus vieldeutig geantwortet, er habe »eine lange Nacht« hinter sich.

Im Zuge des Geständnisses führte Nikolaus D. uns zu der Stelle, an der er die Köpfe und die Hände vergraben hatte. Den Anblick werde ich mein Leben lang nicht mehr vergessen.

Tage später machte ich mich zusammen mit einem Kollegen daran, den Tatablauf nach dem Geständnis minutiös zu rekonstruieren. Wir wollten herausfinden, ob dieser so wie geschildert ohne weiteren Mittäter möglich war.

An einem Dienstag im August begannen wir mit der Rekonstruktion der Tatnacht. Dazu hatten wir eine genaue Zeitschiene nach den Angaben des Beschuldigten erstellt, in der jede seiner Handlungen exakt erfasst war. Die Tour begann um 15 Uhr an der Stelle, an der sich Michaela Z. und Nikolaus D. in Schwabing getroffen hatten, um auf den Banker zu warten. Nach etwa einer halben Stunde machten wir uns auf den Weg in die Kleinstadt, wo der Täter und sein

Opfer zu Abend gegessen hatten. Die Vorstellung, dass der Mörder die Axt bereits im Kofferraum liegen hatte, mit der er sein Opfer nach dem Abendessen köpfen wollte, löste bei uns Beklemmungen aus. Nach unserer Ankunft warteten wir, die beiden waren erst mal in einem Park spazieren gegangen, bevor sie gegen 19 Uhr ein Lokal aufsuchten.

Um 19.05 Uhr betraten wir das genannte Lokal und legten dem Personal Fotos des Beschuldigten und seines Opfers vor. Man konnte sich zwar an Michaela Z. erinnern, ihren Besuch aber zeitlich nicht mehr einordnen.

Exakt nach dem vorgegebenen Zeitplan machten wir uns um 21.50 Uhr wieder auf, um die Rückfahrt anzutreten. Beim Einsteigen in den Dienst-Pkw zeigte der Tageskilometerzähler 151 gefahrene Kilometer. Wir hielten uns an die vom Beschuldigten angegebenen Geschwindigkeiten, wobei auch die Geschwindigkeitsbeschränkungen in Baustellenbereichen und Lärmschutzzonen genau eingehalten wurden. Der Beschuldigte hatte in der Tatnacht gute Gründe dafür gehabt, sich nicht von einer Radarfalle fotografieren zu lassen ...

Nachdem wir die Stelle passiert hatten, an der Michaela nach Angaben des Täters den präparierten Kakao ausgetrunken hatte, verstummten unsere Gespräche. In Gedanken waren wir bei der Frau, die ihrem Mörder vertraut hatte; und der mit ihr von dieser Stelle aus direkt zu ihrer Hinrichtung gefahren war.

Um 23.25 Uhr erreichten wir in München den Parkplatz, an dem Michaela ihren Pkw abgestellt hatte, ehe sie am Nachmittag ins Fahrzeug ihres Mörders gestiegen war. Hier hatte Nikolaus D. die bewusstlose Michaela zu ihrem Pkw getragen. An dieser Stelle war es relativ dunkel und man konnte von der Straße aus den Platz nicht einsehen. Die bis dahin zurückgelegte Strecke betrug inzwischen 294 Kilometer.

Wir warteten fünfzehn Minuten lang auf dem Parkplatz.

So lange hatte nach Darstellung des Täters das Umladen seines Opfers und der Tatwerkzeuge gedauert. Von dort aus fuhren wir zum Tatort, den wir um 0.05 Uhr erreichten. Es regnete leicht und in dem dichten Waldgebiet herrschte völlige Dunkelheit und Stille.

Die Minuten zogen sich quälend lange hin. Unsere Gedanken kreisten um das schreckliche Geschehen, und es waren nicht nur die kühlen Temperaturen, die uns frösteln ließen. Nach einer halben Stunde schließlich traten wir die Rückfahrt an.

Wir erreichten die Wohnanschrift des Beschuldigten um 1 Uhr. Für das Waschen und Anziehen hatte Nikolaus D. eine halbe Stunde benötigt. Um 1.30 Uhr setzten wir die Fahrt fort. Nach wenigen Minuten legten wir einen kurzen Zwischenstopp an einer Tankstelle ein, an der der Täter das Fahrzeug seines Mordopfers betankt hatte. Dann ging die makabre Fahrt weiter bis zur Wohnung des zweiten Mordopfers Fred P. Es war mittlerweile 2 Uhr. Wir warteten vor dem Anwesen 15 Minuten lang; so lange hatte es gedauert, bis Fred zu seinem Mörder ins Auto gestiegen war. Um 2.50 Uhr erreichten wir erneut den Wald, nach wie vor herrschte völlige Dunkelheit, auch der Regen hatte nicht aufgehört. Wie vom Täter angegeben, benutzten auch wir wieder nur das Standlicht, als wir dem mehrere hundert Meter langen Waldweg bis zum Tatort folgten. Es war ein gespenstisches Szenario.

Es kam uns wie eine Ewigkeit vor, bis endlich die halbe Stunde vergangen war, die der Mörder benötigt hatte, um auch sein zweites Opfer auf die gleiche unbarmherzige Weise zu töten, zu entkleiden und zu verstümmeln und dann die Spuren der Tat, so gut es in der Schwärze des Waldes ging, zu verwischen.

Um 3.20 Uhr verließen wir den Tatort. Wir atmeten beide auf, als die ersten Lichter der Stadt auftauchten.

Um 3.45 Uhr erreichten wir abermals die Wohnung von

Nikolaus D. und legten dort wieder eine halbstündige Pause ein. Diese Zeit hatte Nikolaus D. gebraucht, um sich zu waschen und Michaelas Geld zu zählen. Sie hatte 130 000 DM bei sich gehabt.

Von seiner Wohnung aus ging die Fahrt weiter zum Wohnhaus von Michaela, wo der Mörder ihr Fahrzeug in der Tiefgarage abstellte, und von dort aus zum Parkplatz, auf dem sein eigener Wagen zurückgeblieben war. Der Täter hatte in der Tatnacht die Strecke von Michaelas Wohnung zu seinem Fahrzeug mit einem Taxi zurückgelegt. Es war etwa 5 Uhr, als die Rekonstruktion der Tatnacht vor Nikolaus D.s Wohnung endete. Damit war ihm noch genügend Zeit geblieben, um rechtzeitig zum Beginn des Betriebsausflugs bei seiner Polizeiinspektion einzutreffen. Und er hatte nicht gelogen, als er seinen Kollegen sagte, er habe »eine lange Nacht« hinter sich.

Die abgetrennten Leichenteile, die Axt und den Spaten hatte er später außerhalb Münchens an einem Waldrand vergraben. Dazu hatte die Zeit in der Tatnacht nicht mehr gereicht.

Damit aber hatten wir den Nachweis erbracht, dass der Tatverlauf, so wie ihn Nikolaus D. geschildert hatte, tatsächlich für einen Einzeltäter möglich gewesen war.

Nikolaus D. wurde vom Schwurgericht zu einer lebenslangen Freiheitsstrafe wegen Doppelmordes verurteilt. Er habe aus Habgier »kaltblütig, skrupellos und niederträchtig« gemordet, sagte der Vorsitzende Richter in seinem Urteil. Das Gericht sah die »besondere Schwere der Schuld« erfüllt. Damit wurde Nikolaus D. die Möglichkeit genommen, nach 15 Jahren bedingt aus der Haft entlassen zu werden.

Blinder Hass

Ein junger Mann läutete eines Abends, gegen 19 Uhr, Sturm bei einem Polizeirevier in der Münchner Innenstadt. Völlig aufgelöst berichtete er, dass er soeben beim Heimkommen eine Frau in einer Blutlache im Treppenhaus aufgefunden habe. Der Wachhabende alarmierte einen Notarzt und dann machten sich mehrere Polizeibeamte im Laufschritt mit ihm auf den Weg; das Anwesen lag in unmittelbarer Nachbarschaft.

Im vierten Stock des Mietshauses fanden die Beamten tatsächlich eine reglose Frau vor. Sie lag laut Aussage des Zeugen unverändert da und zwar auf dem Bauch. Bekleidet war sie mit einer dunklen Daunenjacke, deren Rückenteil diverse Beschädigungen aufwies. Füllmaterial quoll heraus, das ursprünglich vermutlich weiß gewesen war. Nun aber triefte alles von Blut, das sich um die Frau herum zu einer großen Pfütze gesammelt hatte. Die Polizisten schüttelten sie und sprachen sie laut an, doch die Frau reagierte in keiner Weise. Gleich darauf trafen ein Rettungsteam und eine Notarztbesatzung ein, doch der Arzt konnte nur noch ihren Tod feststellen. Im Rücken- und Halsbereich waren deutliche Stichverletzungen zu erkennen, die offensichtlich den hohen Blutverlust verursacht hatten. Als Todesursache vermerkte der Notarzt auf der Todesbescheinigung: »Scharfe Gewalt mit Verbluten nach außen und innen«. Während der Notarzt die Leiche noch untersuchte, klingelte mehrfach das Handy in der Tasche der Daunenjacke der Toten.

Da die Frau das Opfer eines Tötungsdeliktes geworden war, setzte sich wie bei jedem Gewaltverbrechen die übliche polizeiliche Maschinerie in Gang. Als die Beamten des Kriminaldauerdienstes eintrafen, wandten sie ihr Augenmerk auf eine Blutspur, die von der Leiche zu einer Wohnungstür führte, die deutliche Blutantragungen aufwies. Am Klingelschild stand der Name Rudolf von P. Beim Lauschen an der Tür vernahmen die Beamten die Stimme eines kleinen Kindes, das weinerlich immer wieder nach seiner Mama rief.

Die Beamten klopften behutsam und hörten, dass das Kind näher kam, wobei es »Mami, Mami« schluchzte. Der älteste der Beamten, selbst Vater von drei kleinen Kindern, forderte seine Kollegen auf, sich so hinter ihn zu stellen, dass man die Szenerie im Treppenhaus von der Wohnungstür aus nicht sehen konnte. Dann redete er mit Engelszungen auf das Kind ein und schaffte es schließlich, dass sich die Tür einen Spalt weit öffnete. Vor den Beamten stand ein kleines Mädchen, dem Tränen über die Wangen kullerten. Behutsam schoben sich die Polizisten in den Flur der Wohnung, sorgsam darauf bedacht, dass das Kind keinen Blick auf die Leiche erhaschen konnte. Während ein Beamter beruhigend auf die Kleine einredete, durchsuchten seine Kollegen die Wohnung. Sie waren darauf gefasst, auf den Täter oder weitere Opfer zu stoßen, aber niemand sonst war in der Wohnung.

Auf dem Teppich im Flur befanden sich ebenfalls Blutspritzer, außerdem lagen ein Pass, eine Aufenthaltsgenehmigung und ein ärztliches Schreiben auf dem Boden. Aufgrund des Passbildes war rasch klar, dass es sich bei der Toten um Petra von P. handelte, die Ehefrau von Rudolf von P. Corinna von P., die vierjährige Tochter der Getöteten, musste wohl die Tat oder einen Teil der Geschehnisse mitbekommen haben. Nach wenigen Minuten klopfte es an der Wohnungstür; zwei Rettungssanitäter vom Kriseninterventionsteam, ein Mann und eine Frau, übernahmen die Betreuung der kleinen Corinna. Über einen Nebenausgang verließen sie mit dem Mädchen das Anwesen, nicht ohne zuvor Kleidung und Spielsachen für das zitternde Kleinkind eingepackt zu haben.

Nachdem meine beiden Kollegen von der Mordbereitschaft und ich am Tatort eingetroffen waren, übernahmen wir die weiteren Ermittlungen. In der Nähe der Leiche konnte weder ein Tatwerkzeug noch sonst ein Gegenstand aufgefunden werden, der Rückschlüsse auf den unbekannten Täter, den Tathergang oder sein Motiv zugelassen hätte. Eine Absuche des Anwesens nebst sämtlicher Müllbehälter sowie der umliegenden Grünflächen nach der Tatwaffe war deshalb unumgänglich, und ich forderte einen Zug der Einsatzhundertschaft an. Von den Personen, die das Anwesen betreten oder verlassen wollten, ließen wir die Personalien feststellen. Da aufgrund der fortgeschrittenen Tageszeit – es war mittlerweile 2.30 Uhr – davon auszugehen war, dass die meisten Bewohner inzwischen zu Hause waren, wurde sofort mit der Befragung begonnen. Die Betroffenheit über den Tod ihrer Nachbarin war allen deutlich anzumerken.

Nach wie vor klingelte immer wieder das Handy in der Jackentasche der Toten. Da zu befürchten stand, dass ihr Ehemann anrief – was sich im Nachhinein als richtig herausstellte –, hoben wir nicht ab. Denn jemanden über den Tod eines Angehörigen am Telefon zu unterrichten, kam nicht in Betracht. Wir würden – sobald das Handy von den Kollegen des Erkennungsdienstes spurentechnisch untersucht war – die Nummer des Anrufers ermitteln und dann entscheiden, wie wir uns ihm gegenüber verhielten.

Die Beamten des Erkennungsdienstes sicherten mit größter Sorgfalt die vorhandenen Spuren. Es wurde vermessen, fotografiert, beschrieben, Abdrücke wurden genommen und Beweismittel gesichert. Diese Arbeit nahm etliche Stunden in Anspruch. Ein Treppenhaus in einem Mehrfamilienhaus lässt sich nicht einfach für mehrere Tage als Tatort beschlagnahmen und sperren, deshalb mussten alle Arbeiten im Flur des vierten Stockwerks noch in dieser Nacht abgeschlossen werden. Die Leiche konnten wir erst nach Abschluss der Spurensicherung durch die städtische Bestattung zum Institut für Rechtsmedizin abtransportieren lassen, wo sie sofort obduziert werden sollte, wie die Staatsanwältin angeordnet hatte.

Noch während unserer Ermittlungen vor Ort brachten uniformierte Kollegen einen Mann und dessen sechsjährigen Sohn zu uns. Es war Rudolf von P., der sich nach dem Grund des großen Polizeiaufgebotes erkundigte. Kaum hatten wir dem Mann mitgeteilt, dass im Flur des vierten Obergeschosses die Leiche einer Frau lag, fragte der Mann zu unser aller Erstaunen ganz spontan, ob es sich bei der Toten um seine Ehefrau Petra oder um das Kindermädchen Ewa handle. Wir achteten darauf, dass der kleine Junge von unserem Gespräch möglichst nichts mitbekam, als wir den Mann baten, die beiden Damen zu beschreiben. Seiner Schilderung nach war die Tote eindeutig seine Ehefrau. Als wir dem Mann mitteilten, dass seine Ehefrau einem Tötungsdelikt zum Opfer gefallen war, zeigte der Mann keinerlei emotionale Regung, was uns auffällig erschien.

Wir wollten von ihm wissen, was ihn zu seiner Frage bewogen hatte, ob die Tote seine Frau oder das Kindermädchen sei, worauf er erklärte, es habe im Laufe des Tages einen heftigen Streit zwischen den beiden gegeben. Ewa sei erst seit zwei oder drei Monaten als Kindermädchen bei ihnen angestellt. Ob er denke, dass das Kindermädchen seine Frau getötet habe, fragte ich ihn, was er verneinte. Aufgrund des Streites habe seine Frau das Kindermädchen fristlos entlassen; das habe ihm Ewa telefonisch mitgeteilt und von dem Besuch eines Mannes berichtet, den sie als groß, jung und schwarzhaarig beschrieb. Er selbst sei zu dem Zeitpunkt beim Friseur gewesen.

Wir informierten Rudolf von P., dass wir die kleine Corinna in die Obhut von Angehörigen des Kriseninterventionsteams gegeben hatten. Er wollte sich um seine Tochter kümmern, sobald er hier nicht mehr benötigt würde.

Dann erkundigte ich mich bei ihm, ob er glaube, dass seine Frau ihn betrogen habe. Davon, so versicherte er mir sofort, wisse er nichts. Er könne sich dies auch nicht vorstellen. Von seinem Kindermädchen kannte er angeblich nur den Vornamen, sie sei – wie seine Ehefrau – Polin. Über ihre Wohnanschrift konnte oder wollte er keine Angaben machen.

Aufgrund der Hausbefragung war uns mittlerweile bekannt, dass es häufig Streit zwischen den Eheleuten gegeben hatte. Dies wurde von der örtlichen Polizeiinspektion bestätigt. Bereits vor etwa einem Jahr hatte die Ehefrau ihren Mann wegen Körperverletzung angezeigt.

Weiter konnte in Erfahrung gebracht werden, dass Rudolf von P. mit bürgerlichem Namen Ludwig S. hieß. Den Namen Rudolf von P. hatte er durch Adoption erlangt. Um Rudolf von P. sofort auf der Dienststelle vernehmen zu können, gaben wir mit seinem Einverständnis seinen Sohn ebenfalls in die Betreuung des Kriseninterventionsteams. Corinna, so erfuhren wir aus dem nahegelegenen Polizeirevier, hatte von einem »Monster« in der Wohnung erzählt. Sie hatte eine Zeichnung angefertigt, die für die Ermittlungen jedoch keinen Anhaltspunkt bot.

Der Ehemann der Toten wurde nun als Zeuge vernommen und gab an, seit acht Jahren mit seiner wesentlich jüngeren Frau in erster Ehe verheiratet zu sein. Ihre Mutter betreibe als Steuerberaterin eine Praxis in München. Rudolf von P. beteuerte wiederholt, keine Ahnung zu haben, wer seine Frau getötet habe und warum. Als er nach seinem Alibi für die Tatzeit gefragt wurde, legte er den Rechnungsbeleg eines Lokals vor. Dort sei er zur Tatzeit in Begleitung seines Sohnes gewesen, was das Personal bei einer sofortigen Überprüfung bestätigte.

Im Laufe der Vernehmung räumte er schließlich ein, dass seine Frau die Absicht geäußert hatte, sich von ihm scheiden zu lassen.

Rudolf von P. war Inhaber eines Modegeschäftes in der Stadtmitte. Seine geschäftliche und finanzielle Situation hatte sich in der letzten Zeit stark verschlechtert, weshalb seine Frau sich finanziell einschränken musste. Darüber kam es immer mal wieder zu Meinungsverschiedenheiten, zum Teil auch lautstarken. Seine Frau erhielt ein monatliches »Gehalt« von 3000 Mark brutto, wovon sie jedoch auch das Kindermädchen bezahlen musste. Mit diesem habe es wie gesagt Streit gegeben. Unmittelbar nach Ewa habe ihn auch seine Ehefrau angerufen und sich beklagt. Das Kindermädchen habe mit Petras Krankenversicherungskarte mehrmals Ärzte aufgesucht und sich auf ihren Namen behandeln lassen. Sie leide an einer ansteckenden Krankheit. Er habe seiner Frau daraufhin geraten, den Sachverhalt bei den Ärzten klarzustellen. Ein paar Stunden später habe ihn Ewa erneut telefonisch kontaktiert und berichtet, sie sitze gerade in einem Café und warte auf seine Frau. Das sei ihm allerdings merkwürdig vorgekommen, wieso sollte sich seine Frau mit Ewa treffen, wenn sie sie doch gerade erst hinausgeworfen hatte? Die Vernehmung von Rudolf von P. wurde schließlich am späten Abend abgebrochen.

Noch in der Nacht erfolgte die Obduktion des Opfers. Dabei bestätigte der Rechtsmediziner, dass ein Verbluten nach innen und außen vorlag. Insgesamt wurden mehr als dreißig Stiche und auch mehrere Schnitte an Kopf, Hals, Brust und Rücken festgestellt. Zwei Stiche in der Brustregion waren als absolut tödlich anzusehen. Zudem wurde bei der gerichtsmedizinischen Untersuchung auch ein Oberarmtrümmerbruch diagnostiziert. Aufgrund der Vielzahl der Verletzungen dauerte die Obduktion sehr lange. Während meiner neunundzwanzigjährigen Dienstzeit bei der Mordkommission habe ich nur wenige Opfer gesehen, die so viele Stichverletzungen aufwiesen. Die Geschädigte hatte nach Angaben des Rechtsmediziners einen grausamen Todeskampf geführt. Sie hatte versucht, Hände und Arme schützend über Kopf und Oberkörper zu halten, um die wuchtigen Stiche abzuwehren, wurde dabei aber stark verletzt. Auch die Kopfhaut wurde mehrfach durchstochen. Selbst als Petra von P. bereits von zahlreichen Stichen getroffen war – sie entstammten alle derselben Waffe –, muss sie verzweifelt versucht haben, ihrem Mörder zu entfliehen. Erst im Flur zum Treppenhaus erfolgten nach unseren Ermittlungen die tödlichen Stiche. Der Himmel wurde bereits hell, als ich endlich zu Hause war.

Aber bereits vier Stunden später saß ich wieder im Büro. Am Vormittag kam Rudolf von P. erneut zu uns auf die Dienststelle, und die Vernehmung wurde fortgesetzt. Gleich zu Beginn übergab er uns eine Visitenkarte des Kindermädchens, die er in seinem Geschäft aufbewahrt hatte. Seine Wohnung war als Tatort beschlagnahmt, die Kollegen des Erkennungsdienstes würden noch einige Tage benötigen, erst dann konnte Rudolf von P. mit seinen beiden Kindern dorthin zurückkehren.

Auf der Visitenkarte standen lediglich Ewa Z.s Name und eine Telefonnummer. Sofort machten Kollegen sich daran, den Namen in unseren Karteien zu suchen und die Telefonnummer zu überprüfen. Der Hinweis auf ein Wohnheim im Münchner Osten, der von Mitarbeitern des Modehauses stammte, erwies sich leider nicht als zielführend. Ewa Z. war dort nicht bekannt.

Am darauffolgenden Tag befanden sich zwei Kollegen gerade in Rudolf von P.s Geschäft, als völlig überraschend Ewa Z. dort auftauchte. Ein Angestellter erkannte sie und machte die Kollegen aufmerksam. Die Ermittler baten daraufhin Ewa Z., ihnen zur Vernehmung zu folgen. Sie zeigte sich zwar überrascht, dass die Mordkommission sie sprechen wollte, erkundigte sich jedoch nicht, worum es überhaupt ging. Allerdings, so erklärte sie, habe sie keine Zeit, sie wolle nämlich jetzt mit ihrem Freund nach Polen fahren. Sie sei nur gekommen, um ihren restlichen Lohn zu holen. Als sie gebeten wurde, ihren Freund zu beschreiben, gab sie an, er heiße Walid, sei 1,90 m groß, habe schwarze Haare und sei afghanischer Staatsangehöriger. Polnisch verstehe er nur wenig und Deutsch gar nicht. Er warte draußen in einem blauen VW-Golf mit Hamburger Kennzeichen auf sie.

Obwohl die Beamten sofort nach Walid Ausschau hielten, konnten sie niemanden entdecken, auf den die Beschreibung zutraf. Wieder zeigte sich Ewa sehr erstaunt und konnte es gar nicht fassen, dass ihr Freund nicht auf sie gewartet hatte. Ihr Gepäck sei nämlich bereits bei ihm im Auto. Anhand ihrer Angaben wurde sofort eine Fahndung nach dem Fahrzeug und dessen Fahrer im Raum München und Umgebung eingeleitet. Allerdings wurde nirgendwo ein entsprechender Golf gesichtet.

Als wichtige Zeugin in dem Mordfall wurde Ewa Z. in der Dienststelle vernommen. Als man ihr zu Beginn mitteilte, dass Petra von P. verstorben war, gab sie sich erstaunt und ahnungslos. Als sie weiter erfuhr, dass ihre Chefin ermordet worden war, äußerte sie spontan, das könne nur deren Mann gewesen sein. Es habe nämlich häufig Streit zwischen dem Ehepaar gegeben.

Sie habe die vergangene Nacht in einem Asylbewerberheim im Münchner Osten verbracht, dort wohne auch ihr Freund Walid J. Übernachtet habe sie aber im Zimmer einer Freundin. Je länger die Vernehmung dauerte, umso mehr verstrickte sich Ewa Z. in Widersprüche und gab zum Geschehen der letzten Tage letztlich vier verschiedene Versionen zu Protokoll.

Unterdessen war es gelungen, Walid J. in dem Asylbewerberheim zu ermitteln. Auch er wurde sofort zur Vernehmung zur Mordkommission begleitet. Bei seiner Befragung erzählte er, er habe Ewa am Morgen zum Bahnhof gefahren, um dort ihr Gepäck in einem Schließfach zu verstauen. Am Vortag sei sie bei einem Treffen in einem Einkaufscenter außergewöhnlich aufgeregt gewesen, da sie die Leiche ihrer ermordeten Chefin entdeckt habe. Das genügte, um gegen Ewa Z. einen hinreichenden Anfangsverdacht zu begründen und sie als Beschuldigte zu betrachten. Als man ihr erklärte, dass sie aufgrund ihrer widersprüchlichen Aussagen im Verdacht stehe, ihre Arbeitgeberin Petra von P. getötet zu haben, brach sie in einen heftigen Weinkrampf aus. Nachdem sie sich wieder halbwegs beruhigt hatte, räumte sie ein, die blutüberströmte Leiche gesehen zu haben. Ein ihr völlig unbekannter Mann sei in die Wohnung gekommen, habe von Petra von P. Geld verlangt und sie mit einem großen Küchenmesser getötet. Dann sei er auch auf sie selbst losgegangen und habe sie an der Hand verletzt. Tatsächlich fand sich an der Handinnenfläche eine relativ frische Schnittwunde. Es sei ihr jedoch im letzten Moment gelungen wegzulaufen. Der Mann habe einen österreichischen Dialekt gesprochen. In ihrer Aussage verwickelte sie sich immer tiefer in Widersprüche, bis sie schließlich am Abend unter Tränen gestand, Petra von P. getötet zu haben.

Am Tattag war es wegen ihrer zahlreichen Arztbesuche, bei denen sie die Krankenkassenkarte der Chefin benutzt hatte, zum Streit gekommen. Petra von P. kündigte an, Ewa wegen ihres illegalen Aufenthalts und der Betrügereien mit der Krankenkassenkarte anzuzeigen. Als sie entdeckte, dass auch mehrere Gegenstände aus der Wohnung fehlten, verdächtigte sie sofort ihr Kindermädchen und wollte auch deshalb Anzeige gegen sie erstatten.

Bei dieser Auseinandersetzung habe Petra von P. sie dann urplötzlich mit einem Messer angegriffen. Es sei ihr jedoch gelungen, ihr das Messer zu entwinden. Danach habe sie in ihrer Angst selbst auf Petra von P. eingestochen.

Bei der Gerichtsverhandlung Monate später zeigte sich, dass das Kindermädchen ihre Arbeitgeberin um deren luxuriösen Lebensstil beneidet hatte. Immer wieder war es deshalb zu Streitereien zwischen den beiden Frauen gekommen. Als Petra von P. Ewa Z. nun fristlos kündigte und sie zudem anzeigen wollte, gesellten sich zu Ewas Neid auch noch Hass und Wut und die Angst vor einer Bestrafung. Tief frustriert nahm sie ein großes Küchenmesser und griff ihre Arbeitgeberin unvermittelt in der Diele an. Diese flüchtete aus der Wohnung, doch Ewa Z. verfolgte das bereits schwer verletzte

Opfer und stach ihr in Tötungsabsicht immer wieder in Hals und Kopf, Brust und Rücken, bis Petra von P. leblos zusammenbrach. Dass die kleine Tochter ihrer Arbeitgeber die Tat beobachten würde, hatte Ewa Z. nicht bedacht.

Im Schließfach am Bahnhof hatten sich in Ewa Z.s Gepäck diverse Gegenstände aus dem Besitz des Opfers gefunden, darunter auch Kleidungsstücke, die großflächig mit Blut getränkt waren. Die Tatwaffe war hingegen nicht mehr auffindbar; Ewa Z. hatte sie in einem Mülleimer in einer Grünanlage entsorgt. Etwas mehr als ein Jahr nach dem grausamen Verbrechen an Petra von P. verurteilte das Schwurgericht in München Ewa Z. wegen Totschlags zu 14 Jahren Gefängnis. Damit hatte das Gericht den möglichen Strafrahmen im oberen Bereich ausgeschöpft.

Schlussgedanken

Während ich dieses Buch niedergeschrieben habe, habe ich bei den meisten Ereignissen die Gesichter der Opfer, oftmals auch ihrer Angehörigen, und die Gesichter der Täter vor Augen gehabt. Und nicht selten drängte sich mir die Frage auf: »Was wäre gewesen, wenn ...« Doch im Grunde ist sie so sinnlos wie zugleich quälend, und es kann auf sie ebenso wenig eine Antwort geben wie auf die Frage nach dem Warum. *Warum* hat der letzte Linienbus nicht eine Minute länger gewartet; dann wäre meine Tochter nicht als Anhalterin in das Fahrzeug ihres Mörders gestiegen. *Warum* hat meine Frau ausgerechnet an diesem Abend keinen Parkplatz vor dem Restaurant gefunden, in dem sie sich zum Klassentreffen verabredet hatte, sondern erst ein Stück entfernt vor dem Friedhof. Nur dort konnte sie ihr Mörder auf dem Rückweg zum Auto überraschen. *Warum* habe ich vergessen, meinem Mann vom Einkaufen Zigaretten mitzubringen; nur deshalb ging er noch zum Automaten, wo ihn eine Gruppe alkoholisierter Jugendlicher anpöbelte und zu Tode prügelte ...

Immer wieder erkennt man im Nachhinein mit Beklemmung, welche unglücklichen Fügungen des Schicksals, welche unseligen Zufälle darüber entscheiden, ob man bis ans natürliche Ende seiner Tage in Frieden leben kann oder ob man aus diesem Leben gerissen wird. Das trifft natürlich nicht nur für Tötungsdelikte zu, sondern gilt in gleicher Weise für Unglücksfälle und für Krankheiten. Der Unterschied aber liegt darin, dass bei einem Tötungsdelikt ein Mensch vorsätzlich und ganz gezielt handelt, um einem anderen zu schaden. Ein Blitzschlag, ein herabstürzender Felsen oder ein unglücklicher Treppensturz – das sind Ereignisse, die man als denkender Mensch immer irgendwie als ein Restrisiko im Leben akzeptieren muss. Das gilt auch für tödliche

Erkrankungen; lediglich die Frage, ob und wenn ja, bei wem beziehungsweise wann sie ausbricht, beschäftigt uns mehr oder weniger von klein auf.

Niemand aber wächst mit dem Gedanken auf, dass ihn einmal ein Verbrecher erschießen wird, etwa ein Räuber beim Geldabheben in der Bank oder ein überraschter Einbrecher im Schlafzimmer. Welches junge Mädchen rechnet damit, dass es von seinem neuen Liebhaber (»Der ist ja sooo süß ...«) einmal auf einem belebten Platz in der Fußgängerzone mit Benzin übergossen und bei lebendigem Leib verbrannt wird, nur weil sie ihm die Freundschaft aufgekündigt hat? Und welche Frau denkt daran, dass sie am frühen Nachmittag von einem Triebtäter in einer Parkgarage vergewaltigt und erdrosselt werden könnte? Und doch finden solche Ereignisse statt. Immer wieder, an jedem x-beliebigen Ort, zu jeder x-beliebigen Zeit.

Nach mehr als vierzig Jahren an vorderster Front im Kampf gegen das Verbrechen habe ich eines gelernt: Es gibt praktisch nichts, was Menschen aus Habgier oder aufgrund einer psychischen Störung, aus Neid, aus gekränktem Stolz, aus Niedertracht oder aus Rache nicht tun würden. Selbst in den verträumtesten Gemeinden und an den vermeintlich sichersten Orten gibt es keine Garantie dafür, dass nicht genau dort einmal ein Täter auftauchen könnte, der von einem Augenblick zum anderen unendliches Leid und Schmerz über eine völlig arglose Familie bringt. Manche Täter handeln spontan, manches war anders geplant, läuft aus dem Ruder und endet mit einem Tötungsdelikt. Aber es gibt auch Täter, die nach außen hin ein völlig unauffälliges Leben führen, oftmals über viele Jahre hinweg. Und die doch unentwegt auf der Suche nach einem Opfer sind. Weil sie vielleicht über ihre Verhältnisse leben und dringend Geld benötigen, um den Schein von Wohlstand aufrechterhalten zu können. Oder weil sie ihre Gewaltphantasien oder auch ihre perversen Triebe ausleben möchten. Wenn es auch prozentual zum

Glück nicht viele sind – es gibt sie, überall unter uns und vielleicht auch in Ihrem persönlichen Umfeld.

Die Statistiken belegen, dass ein Teil der Gewaltdelikte in Milieus stattfindet, in denen man als unbescholtener Bürger ohnehin nicht verkehrt: Zu nennen sind etwa organisierte Tätergruppierungen, wo es um die Verteilung der Pfründe geht, sei es in der Rauschgiftszene oder im Rotlichtmilieu, oder um die millionenschwere Beute aus Wirtschaftsdelikten.

Massenveranstaltungen wie Volksfeste oder Fanmeilen, bei denen es erfahrungsgemäß ebenfalls zu einer Häufung von Gewaltdelikten kommt, kann man generell meiden oder zumindest verlassen, sobald sich aufgrund des steigenden Drogen- oder Alkoholkonsums eine erhöhte Gewaltbereitschaft abzeichnet. Das gilt auch für den Besuch von Diskotheken.

Und nicht zuletzt ist es ein Gebot der Vernunft, sich stets so zu verhalten, dass potenzielle Täter nicht den Eindruck gewinnen, ein leichtes Opfer vor sich zu haben. Das beginnt damit, dass man seine Wertsachen nicht unbeaufsichtigt im Einkaufswagen zurücklässt, während man am Wühltisch nach dem Schnäppchen seines Lebens sucht; das setzt sich fort, indem man seine Wohnungstüren und Fenster ordnungsgemäß verschließt, und reicht bis zu dem Punkt, einsame, verrufene oder unübersichtliche Gegenden – auf alle Fälle bei Dunkelheit – tunlichst zu meiden.

Dazu gehört auch, lieber einmal einen sicheren Umweg zu wählen, anstatt eine nicht kontrollierbare Abkürzung zu nehmen. Kurz gesagt: Wenn man sich bewusst ist, dass einem nicht alle Leute immer nur wohlgesinnt sind, wenn man Fremden mit ungewöhnlichen Anliegen mit einer gesunden Portion Misstrauen begegnet, sich von aggressiven oder durch Alkohol oder Drogen enthemmten Personen nicht provozieren lässt und mit wachen Sinnen durchs Leben geht, so kann man bereits damit das Risiko, Opfer einer Straftat zu werden, weitgehend minimieren.

Aus der leidvollen Erfahrung mancher Angehörigen von Mordopfern habe ich zudem gelernt, wie wichtig es ist, sich niemals im Streit, ohne Aussöhnung von seiner Familie und von seinen Kindern zu verabschieden. Denn es ist unendlich schwer zu ertragen, dass der letzte Kontakt mit dem Vater, der Geliebten oder gar mit seinem Kind in einer Auseinandersetzung oder mit verbalen Verletzungen endete. Niemand von uns ist davor gefeit, einem geliebten Menschen einmal aus einer Verärgerung heraus oder durch eine unbedachte Äußerung weh zu tun. Doch wenn einem der unerwartete Tod die Chance nimmt, um Verzeihung zu bitten oder selbst zu verzeihen, dann quält das den Überlebenden sein Leben lang. Denn der Tod kennt kein Erbarmen ...